成长中的绅士和淑女

邹 舟 赵 健◎主编

陕西新华出版

太白文艺出版社·西安

图书在版编目（CIP）数据

　　成长中的绅士和淑女 / 邹舟，赵健主编. -- 西安：
太白文艺出版社，2010.1（2024.5重印）
　　ISBN 978-7-80680-797-2

　　Ⅰ.①成… Ⅱ.①邹… ②赵… Ⅲ.①礼仪－青少年
读物②品德教育－青少年读物 Ⅳ.①
K891.26-49②D432.62-49

中国版本图书馆CIP数据核字(2010)第009058号

成长中的绅士和淑女
CHENGZHANG ZHONG DE SHENSHI HE SHUNU

主　　编　　邹　舟　赵　健
责任编辑　　王大伟　荆红娟　张　笛
封面设计　　梁　宇
版式设计　　刘兴福
出版发行　　太白文艺出版社
经　　销　　新华书店
印　　刷　　三河市嵩川印刷有限公司
开　　本　　700mm×960mm　1/16
字　　数　　250千字
印　　张　　12.75
版　　次　　2010年1月第1版
印　　次　　2024年5月第5次印刷
书　　号　　ISBN 978-7-80680-797-2
定　　价　　49.80元

前　言

去西餐馆用餐时，看见一位慈眉善目的老太太为自己的孙女买了一杯巧克力蛋糕。小女孩接到蛋糕后，便迫不及待地想边走边吃，而老太太却怒目而斥道："哪里有女孩子边走边吃东西的？平时是怎么教你的，都忘了？"小女孩一脸的不情愿，但最终还是选择了做一个"淑女"。

在很多人看来，这位老太太的做法实在不对。然而，仔细想想，我们就不会去怪罪这位老太太了，因为绅士、淑女不是天生的，是"培养"出来的。德国教育专家卡尔·威特就曾经说过这么一句话："绅士教育要从娃娃抓起，一定要从小培养他们的绅士精神，让他们知道什么叫责任，什么叫忍让，什么叫吃苦耐劳。这样他们长大了才能有出息。"

相信所有的家长都希望自己的儿子优秀卓绝、风度翩翩、品格高尚；希望自己的女儿温文尔雅，知书达礼、气质不凡。然而，要想做到这样，确实不是一件容易的事情，需要家长给孩子在品行、教养、礼仪、学识、处事等方面提出宝贵的忠告。

本书就是专门为帮助家长把孩子培养成绅士淑女而设计的，书中就家长如何培养绅士淑女进行了详细说明，同时还提供了一套实际可行的培养方案。本书内容不仅包括具体的礼节规则，还包括绅士淑女必须具有的品格，以及如何将这些规则转化为日常习惯的例子、建议和活动等。读起来琅琅上口，具有很强的实用性。

CONTENTS
目　　录

成长中的绅士和淑女

第六章　绅士淑女,品格第一

第七章　智慧与学问,绅士淑女必备

第八章 绅士淑女,做事的学问

第九章 绅士淑女,要有一个健康的体魄

第十章　绅士淑女,如何对待金钱

成长
中的绅士和淑女

第一章

家庭，绅士淑女的养成地

良好的卫生习惯

在家庭生活中,培养孩子良好的卫生习惯,让孩子干干净净地迎接每一天,不仅仅是为了让孩子健康成长,也是为了孩子能有一个良好的个人形象。试问,如果你的孩子整天脏兮兮的,不修边幅,不讲卫生,那么,有哪个孩子愿意同他一起学习和游戏呢?

下面是健康生活中孩子应该养成的卫生习惯:

一、要养成勤洗的习惯

所谓勤洗,就是要勤洗手、勤洗脸、勤洗头、勤洗脚、勤洗澡和勤理发、勤剪指甲,这样做不仅能清洁身体,保证卫生,而且能够促进血液循环,增进健康。特别是人的双手每天要接触很多东西,往往沾染上许多污物和细菌。据查,一只未洗净的手上有四万到四十万个细菌,一克重的指甲垢里藏的细菌和虫卵有三十八亿之多。所以父母一定要帮助孩子养成饭前、便后和手脏时及时洗手的习惯。洗手时要用肥皂认真搓洗,如果只用水冲冲是洗不干净的。另外,外出归来和用餐前要洗手。

二、不要随地吐痰

随地吐痰是最常见也是最不讲究卫生的行为。痰是呼吸道中的分泌物,也是废物,痰中可能带有许许多多的结核病病菌、肝炎病毒、"非典"病毒、流感病毒、霍乱、麻疹病毒等等。这些细菌、病毒通过痰液,附着在空气的尘埃中,传播到世界的每一个角落,危害每一个人的健康,当然也包括随地吐痰的人。所以我们一定要养成不随地吐痰的习惯。特别是从小就要教育孩子不要随地吐痰。

三、勤换衣服和手帕、鞋袜

当你有着整洁的领口和袖口的时候，你站在他人面前会很有信心；当你穿着干净鞋袜的时候，不仅给自己一份好心情，也是尊重他人的表现。因此，建议你的孩子勤换衣服、手帕、鞋子、袜子，尤其是内衣，不要因为他人看不见就不在意。衣服整洁就好，讲卫生比讲名牌更重要。

四、定期整理和清洗书包

你的孩子最好每月刷洗一次书包。因为书包是我们每天都要携带的，经常清洗可以清除细菌。同时，它的整洁也关系到个人的卫生面貌，背上干干净净的书包，会给自己一个好心情。

五、注重牙齿健康

不仅早晚要刷牙，每次饭后也要仔细漱口。睡觉前不吃糖果、饼干等。不要长期用同一种药物牙膏。药物牙膏虽然对某些细菌有一定的抑制作用，但是，如果长期使用同一种药物牙膏，会使口腔中的细菌慢慢适应，产生耐药性，这种药物牙膏就起不到应有的作用了。

因此，我们在日常生活中，应定期更换牙膏。牙刷也要经常更换（至少每三个月换一次）。

六、不挖耳朵，不抠鼻孔

不要将异物塞入耳内，洗脸、洗澡时不把水弄进耳内，以免损伤鼓膜，引起中耳炎，影响听力。要养成用鼻子呼吸的习惯，这样可以使吸入的空气经过鼻道时变得洁净、温暖和湿润，保护呼吸道和肺，使它们免得疾病。别在他人面前打喷嚏、咳嗽。在他人面前打喷嚏、咳嗽就有可能将飞沫、唾液溅到别人身上，从而传播病菌，令人厌恶。用手帕擤鼻涕时要按住一侧鼻孔，轻轻地擤另一侧鼻孔的鼻涕，不能同时擤两个鼻孔，以免引起中耳疾病或上鼻窦炎。

七、不吃不干净的食物

地上捡的东西绝对不能随便往嘴里放，生吃瓜果一定要洗干净，最好削皮。有的同学生吃瓜果时只在自来水中把瓜果一冲就算洗过了，其实这达不到消毒杀菌的目的。应该用刷子或丝瓜瓤擦上洗洁精把瓜果刷洗干净，再冲洗几遍，然后擦干净才能吃。

八、不用卫生纸擦拭餐具水果

医学检测证明，许多卫生纸消毒并不过关，即使消毒较好的产品，在存放过程中也容易被污染。用这样的卫生纸来擦拭碗筷或水果，并不能将物品擦拭干净，反而还会在擦拭过程中带来更多的病菌。不用白纸包食物，因为白纸在生产过程中，会加用漂白剂及带有腐蚀作用的化工原料，纸浆虽然经过冲洗过滤，但仍含有不少化学成分，会污染食物。

九、勤洗抹布

实验显示，全新的抹布在家庭使用一周后，滋生在其上的细菌之多会让人大吃一惊。而在餐馆、大排档、地摊，抹布的卫生情况会更差。因此，用抹布擦桌子，应当先洗净再用，抹布每隔三四天就应该用水煮沸消毒。当然，如果能使用一次性桌布，则可避免抹布所带来的危害了。

十、讲究用餐卫生

用餐前餐桌要擦干净,要认真洗手。用餐过程不狼吞虎咽,不大声说笑,不看书看报,不看电视。用餐完毕后,要把应该清理的东西收拾干净,包括擦桌子、检查就餐区域的地板上有无遗漏的垃圾等。与他人同桌用餐时应用公筷、公勺,最好采用分食制,将菜汤按人分发,以免通过个人筷勺传播菌毒。

十一、不要在衣兜里乱揣钱币

钱币被无数人的手、物所接触,受到难以预测的种种污染,因此切勿将它们任意揣在衣兜里,同手帕、手纸及其他东西混在一起,千万勿用手指蘸口水点纸钞。

十二、要保持室内清洁

室内地面要勤擦洗,最好不用毛地毯,以减少螨虫滋生。要勤晒被褥。要经常开窗通风换气,无论春夏秋冬,每天都应开窗通风换气,开启空调时,也应如此。

十三、爱护环境,保持周围环境整洁

要经常打扫室内外卫生,美化居住环境。不要乱扔垃圾。因为垃圾中常含有各种细菌、病毒,在日常环境里会不断滋生。要随身携带纸巾或手帕,将吃过的口香糖、要吐的痰等吐在纸巾或手帕里。时刻切记,爱护环境是一个现代人应有的责任。

十四、要自觉养成如厕的好习惯

上完厕所以后应该立即冲马桶和洗手。上公共厕所的时候,洗完手以后,应该擦干水龙头和台面上的水迹。

家庭生活中的小事

据说，美国纽约曾经有一位市长，他一直致力于把纽约建设成为一个更好的城市，他倡导纽约市民们加倍关注细节琐事。纽约市政府给出租车司机派送空气清洁剂，组织市民到大街上擦玻璃。这位市长深信，凡事都要从小处做起，许多不起眼的小事累积在一起就会成为大事——他希望纽约能够成为一个美好的地方，人人都乐于到此参观。

事实上，家庭中的小事累积在一起也会成为大事，让孩子从这些小事做起，那么，孩子长大后必然成就一番事业。

哈佛女孩刘亦婷，从3岁起就开始做一些打扫家庭卫生的事情，每次吃完东西，桌面和地面的果皮和瓜子壳都由她收拾。长大后，上街买东西的时候，问路、问价钱、请售货员过来、提要求等简单的事务，都是由她出面去办。有时候没有时间排队，也是由她上前去向服务人员和排在前面的人说明情况，商量能否得到优先照顾。这些事，她每次都办得很好。为了不让女儿产生道德方面的混乱，妈妈事先已经教过女儿："用欺骗或耍赖的办法插队，是令人讨厌的自私行为。如果排队确实有困难，应该正大光明地请求帮助，只要你说清楚需要帮助的理由，人们一般都会让你优先的，因为中国人有尊老爱幼的好传统。但是如果你说不清楚，那我们只好不办这件事。"女儿十分清楚"加塞"和"请求优先"的区别，每次得到照顾，都忘不了真心实意地向那些好心人连声道谢。

对独生子女的父母来说，不在幼儿时期培养孩子从家居琐事做起的好习惯，对孩子来说是一件后患无穷的事。社会心理学家做过的一项调查发现：亲子之间的纠纷，大多源于子女过分依赖父母，使父母力不从心，子女则因为某些要求没得到满足，而埋怨父母无能。那些从小习惯于大小事都依赖父母的孩子,成人后的自立能力都比较差,遇事总是指望着父母一帮到底。随着子女的需求和父母的能力之间的差距越来越大,相互间的不满和怨言也与日俱增,以至出现纠纷和冲突。这些孩子很少考虑自己为父母做了什么,他们把父母为他们付出的艰辛劳动看作理所当然,一旦父母失去了自理能力或劳动能力,这种人很少去尽起码的孝道。

农村的孩子们目睹父母的劳动,也参与一些辅助劳动,对父母的辛苦有直接的体验,大多比城里的孩子心疼父母。城里的孩子很难体会到父母工作的艰辛,更需要让他们在家务活中体验家长的劳累,即使家里有保姆,也应该让孩子洗自己的小衣物和打扫自己房间的卫生,以免养成"小少爷、小公主作风"。

下面列出了一些家庭生活中的小事,和你的孩子一起阅读,告诉孩子这些小事累积起来就会给整个家庭带来极大的帮助:

1. 吃完饭后把餐桌上的碗碟洗干净。

2. 起床以后把被褥叠好,清理床单。

3. 用完毛巾后立刻挂起来。

4. 用完洗手间的卫生纸后换上新的卷纸,并扔掉旧卷筒。

5. 看完电视后,记得关掉电源。

6. 脏衣服要及时清洗。

7. 进门之前脱掉鞋子,和家人的鞋子整齐地放在一起,换上拖鞋。

8. 进门之后,如果因为天气热而要脱掉外衣,应该把脱掉的外衣挂起来。

9. 吃完零食后把包装纸放进垃圾筒,不要随处乱扔。

10. 刷过牙后把牙刷放进自己的口杯里。

11. 收拾好自己的玩具。

12. 把电视遥控器放在该放的地方。

13. 便后冲厕所。

14. 不要用力关门,即使在你心情不好的时候。

整理卧室

孩子的卧室是他们睡觉、学习和玩耍的主要场所,孩子如果能够自己动手整理,养成整洁的好习惯,那么,孩子做事时就会养成非常好的习惯,同时,这也有利于培养孩子良好的为人处世态度。

孩子卧室里主要的家具不外乎床铺、衣柜或壁橱,有的会因为空间的考虑,将孩子的书桌、书柜也安排在卧房里。但无论孩子卧室的大小如何,引导孩子学会整理卧室的原则只有一个:那就是给卧室每样东西一个合适的"家"(位置)。这个"家"可以是父母陪着孩子找,也可以让孩子自行寻找。总之,每次东西一用完,一定要让"东西"回"家"休息,这样房间才能长久维持整洁。

橱柜抽屉要随时整理,必要时,父母可帮助孩子使用大小不同的盒子、隔板,将其分类放置。衬衫放一处、内衣裤放一处。以免孩子为了找条内裤而翻遍抽屉内的每件衣服,最后不但没有找到内裤,反而把整个抽屉都翻乱了。

另外,为孩子的床单、棉被、毛绒玩具等定一个换洗的时间,时间一到,先试着看孩子是否记得。如果不记得,父母可将干净的床单、棉被取出,放在床边,提醒孩子更换。

卧室内的衣柜、壁橱,最好能每隔一段时间就擦拭一次。幼龄的孩子可由父母代劳,八九岁的孩子,可以让他自己擦位置低的部分,擦不到的高柜子,再由父母帮忙。

房间的摆设位置与布置,可尊重孩子的意见。父母如果觉得不妥,应该告知其利害关系与优缺点,让孩子了解、接受。例如,告诉孩子:"这样放的话,门没办法打开""这样放,万一地震的话,东西就会垮下来,压伤身

体"等。

在说明如何布置房间的原因时,不要不耐烦,一味以父母的权威来决定,这样容易引起亲子关系的紧张。孩子也不会认同那是自己的房间而愿意配合整理了。

父母还可依照孩子的年龄与能力,与孩子讨论房间该整理到什么程度。但在这里要提醒父母:不要对孩子要求太高、太完美,应给予孩子相当程度的信任与支持。

每隔一段时间,父母就要和自己的孩子一起整理他的房间。孩子并不是生下来就知道该如何整理房间的,你的指导可以给他提供必要的建议,并且,孩子在有人帮助的情况下做事情往往要容易得多。帮助孩子制订一项计划——把所有的衣服都挂在衣架上,或放在固定的抽屉里,垃圾都放进垃圾桶里,书都摆放在书架上,用过的杯子都放到洗碗机里,获得 A+ 的试卷放进一个文件夹里,特别的美术作品镶进画框并挂在墙上。

尊重继父(母)

美国作家贝丝·莫莉曾写过一篇题为《父亲节》的文章:

每当母亲节或父亲节的时候,都会使我想到我们国家还缺少一个节日——继父节。

如果任何一个人都应该有自己的节日,那么继父节应该是那些用他们的爱心和谨慎,在一个重建的家庭里建立起自己位置的勇敢心灵的节日。这就是我们家里为什么会有一个我们称之为"鲍伯的节日"的原因。这是我们自己的继父节的版本,是根据继父鲍伯的名字命名的。

下面是我们的继父节的由来。

那时鲍伯刚进入我们的家庭。

"你知道,如果你做了伤害我母亲的事情,我会让你住到医院。"正在上大学的男孩说,他比他继父要魁梧得多。

"我会记住的。"鲍伯说。

"你不要告诉我我该怎么做。"正在上中学的男孩说,"你不是我父亲。"

"我会记住的。"鲍伯说。

正在上大学的男孩打电话回家,他的汽车在离家45英里的地方抛锚了。

"我马上到。"鲍伯说。

老师打电话到家里。正在上中学的男孩在学校打架了。

"我立刻就去。"鲍伯说。

"噢,我需要一条领带与这件衬衫相配。"正在上大学的男孩说。

"从我衣柜里挑一条吧。"鲍伯说。

"你必须穿个耳眼。"正在上中学的男孩说。

"我会考虑的。"鲍伯说。

"你认为我昨天晚上的约会怎么样?"正在上大学的男孩问。

"我的意见对你有什么影响吗?"鲍伯问。

"是的。"男孩说。

"我必须跟你谈谈。"正在上中学的男孩说。

"我必须跟你谈谈。"鲍伯说。

"我们应该有一段继父和继子之间的共同经历。"正在上大学的男

孩说。

"做什么?"鲍伯问。

"给我的汽车换油。"男孩说。

"我知道了。"鲍伯说。

"我们应该有一段继父和继子之间的共同经历。"正在上中学的男孩说。

"做什么?"鲍伯问。

"开车送我去看电影。"男孩说。

"我知道了。"鲍伯说。

"如果你喝了酒,不要开车,打电话给我。"鲍伯说。

"谢谢。"正在上大学的男孩说。

"如果你喝了酒,不要开车,打电话给我。"正在上大学的男孩说。

"谢谢。"鲍伯说。

"我必须在什么时间回家?"正在上中学的男孩问。

"11 点 30 分。"鲍伯说。

"好的。"男孩说。

"不要做伤害他的事情。"正在上大学的男孩对我说,"我们需要他。"

"我会记住的。"我说。

这就是我们的鲍伯节的由来。

看完这篇文章,让人不得不心生感慨:继父原来也可以这么亲!

一个孩子从出生到长大成人,凝聚着父母无数的心血,因此每一个孩子都应该孝敬自己的父母。但是,现代家庭中还存在着一些特殊的情况,因为离婚现象的存在,一些孩子往往生活在继父、继母家庭。对于这样的家庭来说,孩子也应该学会尊重自己的继父(母)。

具体地可以从以下几点做起:

1. 首先要承认继父或继母的存在,这是营造和谐家庭氛围的前提。

2. 直接称呼"爸爸"或"妈妈"不太合适的话,可以在征求继父、继母的同意后,用适当的昵称来称呼他(她)。

3．在节日,继父、继母生日,或在他(她)取得成功时,向其表示真心的祝贺。在过父亲节或母亲节时,更要向继父、继母表达同样的祝福。

4．如果与继父(母)产生矛盾或冲突,不要藏在心里,要寻求沟通和谅解。

5．在继父(母)面前,不要把现在的家庭和以前的家庭相比较。

6．不要说继父(母)的坏话。

 # 尊重异父或异母的孩子

重组家庭,同父异母或者同母异父,这种现象在现代社会并不少见,对于孩子来说,生活在这种家庭里,就非常需要做到礼貌待人、体谅他人和尊重他人,尤其是对于异父异母的孩子,更要有足够的尊重。

在这一方面,热播家庭情景喜剧《家有儿女》可以说是一个良好的典范。

在该剧中,主人公夏东海曾跟随前妻到美国工作,离婚后带着7岁的儿子夏雨归国发展,并与在国内长大的女儿夏雪团聚,后与某大医院的护士长刘梅结婚。刘梅也曾离异,并带有一子叫刘星。本剧的主要故事就发生在这个特殊家庭中,夏东海和刘梅的共同特点都是富有爱心,关心孩子的成长,期望"整合"两人的爱心和智慧,培养出快乐生活的下一代。而生活在同一屋檐下的姐弟仨,尽管血缘各异,年龄层次也不尽相同,但他们之间却能做到互相体谅和互相尊重,相处得犹如亲生的兄弟姐妹一般,初看这部电视剧的人,如果不了解详情,很难想得到他们的真正关系。当然,由于这三个孩子生长环境的迥异,使他们有着迥然的个性和爱好,所以争执在所难免,但可贵的是他们最终总能和好如初。

己所不欲,勿施于人,这是让你的孩子同继父或继母的孩子友好相处的最好办法。这样孩子就会发现自己尊重他人,同时也受到他人的尊重。当所有的家庭成员都为实现家庭和睦而贡献力量时,成员之间友好相处的目标就可以实现。

当然,实现这一目标并非易事,对孩子们来说,混合家庭是极难相处的。在这种时候,就非常需要做到礼貌待人、体谅他人和进行情感交流。让你的孩子同继父或继母的孩子友好相处的最好办法是遵守人际交往的黄金定律——即用他自己希望被他人对待的方式去对待他人。这样他会发现自己尊重他人,同时也受到他人的尊重。当所有的家庭成员都为实现家庭和睦而贡献力量时,成员之间友好相处的目标就可以实现。当然,实现这一目标并非易事,进行适当让步和遵循礼尚往来会起到一定的帮助作用。

你的孩子应该做到:

1. 努力接受原来的家庭已经改变的事实。

2. 同继父或继母的孩子交流,告诉他们发生在自己生活中的事情,并关心他们的生活。

3. 表达对他们的喜爱之情,愿意听他们说话。把家庭习惯告诉他们,以及自己能够在使用卧室、浴室和看电视等方面做出什么样的让步。

4. 牢记自己是一个有价值的人,是一个有特殊才能的人。

5. 同他们交往时要像所有兄弟姐妹之间的交往一样有礼貌——在进入他人的卧室时先敲门,得到允许后再进去;借用物品需征得他人的同意;用善意的语调说话。

你的孩子不应该：

1. 自己窝在卧室里，锁上门，把继父或继母的孩子拒之门外。
2. 不把继父母的孩子的朋友放在眼里。
3. 装作继父或继母的孩子并不存在。

 # 做力所能及的家务劳动

为了培养孩子勤劳的优秀品质，父母应从小就给孩子分配其力所能及的家务。这不仅在平时是培养孩子的有效手段，更有利于发生紧急情况时孩子的自我保护。为应付意外，事先做好家庭成员的分工很有必要，这一点已被专家在研究一旦发生地震、火灾、水灾等自然灾害，各个家庭如何应付的问题时所证明。研究中发现，如果平时给孩子分派一些工作，在灾害发生时，孩子就不会成为妨碍父母行动的累赘。相反他能凭自己的力量动脑筋，想办法脱离险境。

在父母看来，最初孩子干活真让人不放心，孩子干得费劲又不尽如人意，还不如自己三下两下就干得又快又好。但是，若因为不满意而不让孩子干的话，孩子很可能永远也干不好。其实，对孩子而言，每次领受一项新的工作总是感到很兴奋，有一种被信任的荣誉感，他们会努力把自己的工作做好。

为了有效地进行家务劳动教育，父母不能盲目地为孩子安排家务，在方法上必须有所讲究。

首先为孩子制定一个时间表，内容是不同时间他要完成的不同家务，而且要求他必须按时完成。这个时间表父母可以和孩子一起制定，以便双方都可以提出自己的意见。这个表要详细、具体，便于对照执行。时间表制定完成后要誊写清楚，然后贴在家中大家都能看见的地方。还可以在表中留下一些空格，这样每完成一项工作就可以做个记号。

其次，应当安排孩子做那些他感到对家庭生活能做出贡献的家务。除了"把你的房间打扫干净"之类对于孩子个人而言有意义的事情外，这个表应该包括一些为全家人服务的任务，比如"洗碟子""把汽车里面打扫干净"，或者"把纸装订一下以便于重新使用"。

再次，在指定让孩子完成的为家庭服务的家务时，要注意征求孩子的意见。每次都要让孩子做一些他自己愿意做的事，即使它意味着改变了你平常做这些事的方式。对孩子的主动精神应给予鼓励。

最后，安排的家务对孩子来说必须是适合的。孩子对乐于去做的事都会做得比较好。一旦分派给孩子的事，父母就应让孩子明确意识到这是他的工作，即使有时因为某种原因，分派给孩子的工作由父母帮忙做了，也应让孩子意识到，这是父母帮他做了应由他做的事。这样，孩子就会自然地形成"这是我的工作"的意识，长大后他便会产生必须完成自己工作的强烈责任感，从而成为独立性强、责任心重的人。

培养生活自理能力

父母不可能照顾孩子一辈子,孩子终将独立生活,走向社会。所以,对于父母来说,培养孩子独立处世和生活自理能力,同关心孩子的读书和成绩一样重要。

斯蒂芬已经 12 岁了,她是个永远也长不大的孩子,什么事情都由父母操心,一旦父母不管,她就什么都不知道了。每天早上起床、刷牙、洗脸、吃饭,晚上回来做作业,睡觉……样样都要父母安排好,哪一天如果少了一样,她的生活就会发生混乱。

她的父母每天工作都很忙,碰到这样的情况,也只有叹气的份。她的妈妈心底里暗暗羡慕同事的孩子懂事,不需要操心。同事建议她不要管孩子,让她自己来,可是她又放不下心,更不忍看孩子茫然无措,手忙脚乱。

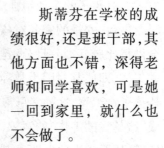

斯蒂芬在学校的成绩很好,还是班干部,其他方面也不错,深得老师和同学喜欢,可是她一回到家里,就什么也不会做了。

很显然,斯蒂芬是缺乏自我管理能力,而原因就在于她的母亲过于关心她了,从小没有注意对她自理能力的培养,结果

把自己弄得很累。现实生活当中，像斯蒂芬母亲这样把孩子惯得什么都不会做，自己反而搞得很累的父母不乏其数。

孩子一升入大学，反映在孩子身上的普遍现象就是没有生活自理能力。他们由于缺乏独立性，一时间把自己搞得非常狼狈，有的被子不知怎么叠，有的吃饭不知到何处去买，有的新买的手机不知怎么用，有的把东西乱摆乱放，过一会儿想找就找不到了等等。这些现象的发生，都是由于他们小的时候从来不动手，家长没有给他们提供动手的机会造成的。其结果是孩子的想象力和思维得不到好的发展，即使学习成绩好，也是理论脱离实际，成为高分低能的书呆子。这样的人只是记录知识的机器，少有创造力。由此可见，培养孩子的自理能力是至关重要的。

那么，自理能力指的是什么呢？又如何培养呢？

自理能力一般是指一个人能自己安排学习、生活、工作、交往，能妥善处理自己所遇到的各种问题。培养孩子的自理能力，最重要的是放手让孩子去实践，给孩子积累经验的机会。

经验长知识，实践出能力，良好的自理能力和自理习惯，只有在不断的、长期的实践中才能培养起来。正如蒲公英长大后最终要离开妈妈一样，总有一天，孩子要离开爸爸妈妈独自成长，但如果孩子什么都不会，那如何能在社会中生存，如何能自立呢？因此，父母应该从小就要有意识地培养孩子的自理能力，不要忽视这些重要的生活细节。这就要求父母不要怕孩子吃苦，也不要怕孩子做不好。凡是应该由孩子自己去做，而且孩子力所能及的事情，一定要让孩子自己去做。

父母需要注意的是对孩子的事情切忌大包大揽，力争做到该放手时就放手。

如何借东西

一位一流的心理学家说过，引起兄弟姐妹之间敌对情绪的最主要原因是没有对属于他人的物品表现出适当的尊重，这一点可以在有多个子女的家长那里得到证实。弟弟借了姐姐的书签却没有归还，姐姐在没有得到允许的情况下擅自进入弟弟的房间。过不多久，弟弟只要看姐姐一眼就会引发一场战争。

很多孩子看到自己喜欢的东西就拿来用，并没有想到他们没有被允许这样做。我们必须教给孩子要有礼貌。我们需要帮助他们学会如何尊重他人的财产。

父母不妨给借东西的孩子定一些规矩，可以参考下面几条：

1. 在没有获得允许的情况下不能借用他人物品。

2. 在合适的时间内归还他人物品。

3. 如果一个孩子被发现未经允许就"借东西"，那么就要付给对方事先已经说好的"租借费用"。如果这件东西被损坏或是弄丢了，那么这个孩子必须用其他等价的物品来赔偿这件东西。或者用他的零用钱来赔偿另一个孩子。

4. 当孩子主动提出借东西的请求时，记得表扬孩子。

孩子懂得了如何向别人借东西，接着就要学会借东西给别人。

孩子年纪尚幼，加上以自我为中心，有时当别人向他借东西时，他会抓紧它，摇摇头。父母此刻是否在想："这孩子年纪小小为何这么自私呢？""真伤脑筋啊！"其实孩子不肯借东西给别人，不代表他自私，可能是因为他害怕别人借了东西后，不小心遗失了它，所以会感到不安和激动，这是保护自己的表现。

成长中的绅士和淑女

父母这时不妨因势利导,对孩子说:"你也曾经想向别人借东西吧?"来引导孩子进入想借东西的人的角色。如果可以的话,最好举出一个孩子曾成功向别人借东西的例子,以增加孩子给别人借东西的动力。

父母也可先保证物件借出的时间,告诉孩子只是借给别人一会儿,稍后一定还给他,让他慢慢建立信心。当孩子真的尝试与人分享物件时,爸爸妈妈应立即正面称赞他的好行为,鼓励孩子养成慷慨助人的品德。

当孩子不肯借东西给别人时,父母千万不能说出以下的禁忌用语:

一、不可以这么自私!

通常爸爸妈妈会一边说出"做人不可以自私"的道理,一边就抢走孩子的物品,交到想借东西的孩子手上,这样只会弄巧成拙。千万不要强迫孩子与人分享,除非孩子是自愿的,否则会使孩子害怕与人接触,甚至变得更以自我为中心了!父母还应该认识到,孩子年纪尚轻,分享的概念是要经过长时间的教导和实际经验,才可以逐渐理解的。而此时的孩子是不明白自私是什么的,说到底,这是较为抽象的概念,孩子会想:"难道想保护自己的东西也算是自私吗?"

二、"大家交换一下吧!"

这个想法似乎比上一句好一点,同时又是教导孩子分享东西的方法之一。不过,万一孩子对于对方手上的那个东西不感兴趣,根本不想交换,这个方法未必有效。此外,如果爸爸妈妈长期使用此方法,也容易养成孩子日后以交换为借出的条件,不是全心全意地付出,对品格的发展产生不良影响。

物归原处，不要乱扔东西

生活中，许多孩子缺乏物归原处的意识，喜欢随手乱扔东西。看看你的孩子是否有下面的表现：

1. 用完东西随处乱扔，没有将物品放回原处的习惯。

2. 经常找不到自己玩过的东西，"忘性"较大。

3. 不愿整理自己的物品，喜欢依赖大人。

4. 不知道如何整理自己的物品，越整越乱。

如果是，那么你的孩子无疑就是属于缺乏物归原处意识的那一类。

享德利就是一个有这种坏毛病的孩子，他经常喜欢乱扔东西，用了什么都随手一扔，所以每天都要问奶奶："奶奶，我的画笔放到哪儿了？""奶奶，我的衣服找不到了。"奶奶天天围着他转，不是帮他找东西，就是帮他收拾残局。

这天，享德利在房间里玩，一会儿就将房间折腾得乱七八糟，铅笔躺在床单上，积木撒在地板上，图画书摆在了鞋柜上……

第二天，该上幼儿园了，享德利却发现自己的彩色笔不见了,"彩色笔哪儿去了呢?我昨天还用了呢!"找了半天也没找到。那天,小朋友们画画的时候,享德利只能向别的小朋友借彩色笔用,心里真不是滋味。

孩子之所以缺乏物归原处的意识,原因大致有两点:

1. 自制能力较差,常常为图一时痛快而随手乱扔东西,意识不到将物品物归原处,不仅整洁有序,还能方便自己和家人对物品的使用。

2. 孩子乱扔物品的毛病,往往和家长的教育引导有关系,如家长经常替幼儿收拾东西,使其认为乱了也无妨,收拾是大人的事情,因此缺乏物归原处的意识。

在家庭中,随便摆放东西,既不方便自己,也给家人造成了麻烦。因此,在家庭教育中,父母应该有意识地培养孩子养成物归原处的好习惯,以下九种方法父母可以参考使用:

1. 为孩子安排属于自己的空间。

2. 教育孩子懂得做完了一件事应收拾整齐后才能再做另外一件事。

3. 让孩子懂得尊重父母的劳动成果,不要随便破坏。

4. 无论是客厅还是卧室,用过的东西一定要放回原处。

5. 当孩子长到3岁时,要鼓励玩后把玩具收拾起来,逐渐形成这种观念和习惯很重要,但不要寄希望于孩子会很快服从,要慢慢地灌输,使其逐渐养成收拾玩具的习惯。

6. 当孩子收拾玩具时,父母应鼓励说:"谢谢你帮助放好玩具。"而不应说:"你就不能做得快一点吗?"鼓励多,批评少,小孩会做得更好。

7. 让孩子做力所能及的事,不要让孩子做超出其能力的家务。

8. 在和孩子一起购买商品时,孩子看了某商品而又不想买的话,教育孩子将该商品放回原处。

9. 父母要以身作则,日常生活中不能乱扔东西。

看电视要有度,别做"沙发上的土豆"

电视给人们带来喜闻乐见的节目,为我们增长了见识,开阔了我们的视野,丰富了我们的文化生活,已成为现代社会中一种重要的传媒。不过,如果看电视时间太长,就会对身心健康造成危害,尤其是对正在生长发育阶段的青少年来说,这种危害更严重,父母不能对此掉以轻心。

看电视的危害主要在于:

1. 长时间看电视,距离电视在 1.5 米内,面部可能出现斑疹。这是空气中带电荷的灰尘对脸部作用的结果。

2. 长时间看电视,能出现电视兴奋症。看电视太投入时,会将自己的情感与电视剧情融为一体,随着剧情的变化而波动,或兴奋,或悲伤,或愤慨,久而久之,可导致头痛、失眠等症状。有时还可引发心血管病。

3. 长时间看电视,可引发颈腰部疾病。颈部肌肉处于高度紧张状态,如果电视机摆放的高度不合适,坐姿不正确,就会引起颈椎疼痛、酸胀,时间长了,可导致颈椎病或使原有颈椎病加重。严重者还可引发脊椎的其他疾病。

4. 长时间看电视,可引发肥胖症。长时间坐着不动,能量消耗少,特别是有些青少年边看电视,边吃点心、糖块、瓜果,这极易使人发胖。据国外的资料,看电视的时间长短与儿童肥胖成正比。

5. 长时间看电视,可诱发光敏性癫痫。据统计,英国 3% 的癫痫发作者是被电视屏幕诱发,尤其是近距离看电视更易诱发。这种疾病的首次发作多是在 20 岁以前。

6. 长时间看电视,会损害视力,产生"电视眼病"。发病初期,怕光、流泪、眼结膜充血;后期,视神经疲劳,表现为视物模糊、眼球酸胀、视力减退等,还可引发偏头痛。调查研究表明,如果一个人的视力为 1.5,连续看两个小时的电视，视力就会暂时降到 1.0，久看电视，可造成永久性视力降低——近视眼。

针对以上这些危害，你的孩子在看电视时，应该有一个正确的方法和态度：

1. 看电视时应保持适当距离。人与屏幕的距离通常为荧幕对角线的 6 倍，具体到不同尺寸电视机的观看距离如下：9 英寸为 1.4 米；14 英寸为 2.2 米；16 英寸为 2.5 米；18 英寸为 3.1 米；22 英寸为 3.4 米；29 英寸为 4 米。太远或太近都会影响视力。

2. 看电视应有正确的坐姿，不能歪斜着坐在沙发或椅子上看，尤其不能躺着看电视，正在生长发育的中小学生更不能躺着看电视，否则，极易伤害眼睛。在看电视时，角度不能过偏，要避免长时间在同一个位置、同一个角度，以同一种姿势看电视。看电视 45 分钟到 1 小时后，应做短暂的休息，可做眼保健操或做一些放松动作。中小学生看电视的次数宜限制在每周两次以内，每次看电视不要超过两小时。

任何事过分放纵都是无益的。电视，能给人带来知识和娱乐，但你的孩子如果沉湎其中，毫无节制地去看，必定是弊多利少。

 ## 损坏东西怎么办

孩子在家庭活动中，经常会出现损坏东西的现象。对于父母来说，不管是谁损坏了什么东西，父母都不要急着发脾气，而是应该先去寻找孩子损坏东西的原因。孩子损坏东西的原因主要有：

1. 有的孩子不会使用和保护东西。

2. 孩子手部肌肉发育不完善，造成无意损坏。

3. 孩子不懂得珍惜，不知节约。

4. 孩子做事不够耐心细致。

5. 孩子的好奇心理,驱使其把东西拆开看一看。

知道原因后,父母可以"对症下药"。

一、教给孩子使用物品的方法

使其知道东西如何使用;知道危险物品不要靠近,等等。特别容易损坏的,可以尽量少让孩子使用。

二、通过游戏完善发育

通过手指游戏、影子游戏、扣扣子等锻炼孩子手部肌肉。并提供大小、轻重适合孩子使用的物品。

三、教育孩子懂得珍惜物品,培养节约的习惯

1. 让孩子懂得损坏的东西难以复原的道理。如:图书撕坏了就不能变新;杯子打碎了就不能再使用。

2. 不要给孩子太丰富的物质生活条件,控制孩子使用物品的数量。

3. 孩子损坏东西后,家长不要立刻买一个新的,要让孩子明白缺少这一东西是很糟糕的事,接受"后果"教育。

4. 损坏东西后,由孩子承担部分责任,引导孩子用自己的行为弥补过失。

5. 通过文学作品对孩子施以影响,让孩子从大的方面知道,我们的国家还有许多地方不富裕,还有许多孩子不能上学。从文学方面让孩子知道,懂得节约的孩子是好孩子。

四、培养孩子耐心细致的习惯

可以经常让孩子做些细致的事,如粘贴图书、学钉扣子、洗手帕等。

五、不要打击孩子的好奇心

如果是因好奇而损坏物品的，家长也许会从下面这个故事里得到启发：教育家陶行知的一个朋友告诉他："我儿子把我珍贵的金表拆了，让我痛打了一顿。"陶行知说："也许你打落了'中国爱迪生'。"家长不妨在日常生活中这样做：

1. 在不损坏物品的前提下，积极引导孩子的探索行为。
2. 如果东西不能拆的话，家长可以用其他方法，如参观、讲解等方法，让孩子明白问题的答案，满足孩子的探索心理。

六、切忌在孩子损坏东西后才大发雷霆

孩子在损坏东西后总是很害怕的，家长的严厉词语容易造成孩子逃避过失或产生逆反心理。

无论是孩子损坏了别人的东西，还是别人损坏了自己孩子的东西，家长都应本着宽容和耐心的态度。是孩子损坏了别人东西的，应带孩子登门道歉，或让孩子有所表示，如赔偿；是别人损坏了自己孩子东西的，应教给孩子原谅别人，家长也应先向别人伸出友好的手。

在外与在家：一个孩子怎么有两种表现？

生活中，有很多家长为这样一种现象所苦恼：孩子在学校甚至在社会上，对待同学、老师甚至陌生人能做到彬彬有礼，可一回到家里就完全相反。

孩子在外与在家之所以有不一样的表现，原因很简单，"家"在一个人心目中意味着无比的安全，人有了安全感，身心就比较放松了，人身体内的不良习气也就乘虚而入，孩子在家里不听话、不讲礼貌就是因为这个原因。

而在外面,孩子没有安全感,也就会积极地寻求自我保护,相应所有的神经和注意力都集中在自我保护上了,自然哭闹就少,不到特别要发泄的情况下,都会表现得很好。

在外与在家表现不一,虽然情有可原,但却并不利于孩子的健康成长,真正的绅士淑女必须是里外如一,无论在何时何地都要保持应有的礼貌。

试想,如果你的孩子与同学说话时总是温文尔雅、文质彬彬,但在家里与你们交流时却总是喜欢撒娇、发脾气、哭泣甚至不理你们,那么,你怎么能指望他(她)成为一个真正的绅士或者淑女呢?

告诉孩子在家与在外时都应该表现出最佳的礼仪,这样父母就可以在给自己减少麻烦的同时,让孩子养成一个良好的习惯。

父母可以建议孩子按照以下的方法养成在家也讲礼貌的好习惯:

1. 主动同父母问好,比如"早上好""晚安""祝您有愉快的一天"等。

2. 尊重父母的隐私,父母在孩子面前很少有隐私,但这一点还是很有必要让孩子知道。因为随着年龄的增长,父母有些事情是不宜让孩子知道的。

3. 在进入父母的房门之前先轻轻地敲门,经过允许后再进去;不要用力关门,这是无礼的表现。

4. 吃饭时要注意礼节,尤其是在有客人的时候。

5. 在看电视或者听音乐时要自觉降低音量,不要影响父母的工作或休息。

6. 收拾自己弄脏弄乱的东西。

父母可以把上面的清单贴在孩子卧室的门上或者显眼的地方,当看到孩子将其中一条付诸实施时要给予适当的鼓励。

进餐的正确姿势和礼仪

来看一位家长的经历:

那天去一位朋友家做客,席间,朋友5岁的儿子表现得异乎寻常的"粗野"。饭菜还没端上桌,小家伙就早早地坐在餐桌旁闹腾开了。

"妈,怎么还没做好呀,我都快饿死了!"小家伙一边旁若无人地嚷嚷,一边用力敲打着桌子和椅子。

饭菜刚端上桌,小家伙的精彩演出就开始了。他不让大人帮他夹菜,自己跪在椅子上吃力地伸手夹菜,袖子就从菜上拖过去。而且,他一不小心,还把自己的饭碗弄在了地上。朋友夫妇俩只是象征性地制止他,小家伙的表现却越发放肆,索性放下筷子,用手抓够不着的菜。明明嘴巴里塞得满满的,可小家伙还不停地嚷嚷。唾沫乱飞不说,一不小心打了几个喷嚏,喷得满桌子都是饭菜。桌上的几个客人,包括我自己,见到这种情形,都无可奈何地皱起了眉头。那顿饭大家吃得都有些索然无味。事后,几个朋友私下议论:"这孩子太没规矩了,缺少教养!"

可见,孩子不懂得用餐礼仪,尤其是在一些重要场合,的确是一件令别人厌烦、令家长尴尬的事。从小纠正孩子用餐的坏习惯,培养孩子的用餐礼仪,是培养绅士淑女的主要课程之一。

绅士淑女教育源于英国,而在英国的家庭教育中,"把餐桌当成课堂",是由来已久的传统。自从孩子开始上餐桌就餐,英国人便开始对其进行严格的"进餐教育",其中包括鼓励孩子自己进餐和学习用餐礼仪。通常孩子在1岁到1岁半的时候,就开始喜欢自己动手做很多事情,例如,吃饭、喝汤等。英国的大部分家长认为,一旦孩子愿意自己用餐了,便是人格开始趋于独立的一种标志。这时候,家长应该给他(她)们大力的支持。在英国,孩子开始有步骤地学习用餐礼仪一般是在两岁左右;到了4岁,用餐的所有礼仪就基本掌握了。

那么,孩子需要遵守什么样的进餐礼仪?以下建议可以作为父母的参考:

1. 在入座进餐之前,应该先到盥洗室洗手,保持干净。

2. 人未到齐时,不要把手在餐桌上乱舞,把双手放在膝盖上,坐好。

3. 如果你们的家庭有自己的宗教信仰,要在饭前祈祷,就要闭上眼,安静地坐着。

4. 就餐前,把餐巾铺在膝盖上,把纸巾放在顺手处。

5. 进餐时要自我控制,不要有粗鲁的举动,如大声咀嚼食物或者同别人抢吃。

6. 吃得太快或太慢都不好,要尽量和别人保持一致。

7. 如果是在别人家做客,用完餐后,应该向主人道谢。

第二章

交际技巧，绅士淑女必读

 # 如何与陌生人相处

　　无论上学、回家，或出去玩耍，你的孩子都常常会碰见擦肩而过的陌生人。如何与这些人相处同你的孩子的个性有关。

　　作为大人，父母自然可以让孩子信奉"不要与陌生人说话"的人际规则，这没有什么不对，可是，这却不是绅士淑女应该具有的行为。事实上，在陌生人面前，你的孩子是可以表示一点友善和微笑的，这不仅能使孩子保持愉快的心情，也有利于培养他的善良品格。

　　世界上没有陌生人，只有还未认识的朋友。害怕陌生人的心理每个孩子都有，只是程度不同而已。父母应该让孩子明白，只有懂得做到毫无拘束与人结识，才能扩大朋友圈子，使生活更加丰富起来。

　　此外，你的孩子还应该有乐于助人的精神，不管是熟悉的还是陌生的，当看见别人有困难时，都应该伸出援助之手。当然，社会是复杂的，这里面也可能存在一些骗局，但作为孩子，在确认安全的情况下，不管怎么说，都不能丢掉乐于助人的精神。

　　对于陌生人，你的孩子还应该学会道歉，比如在拥挤的电梯里，如果你的孩子不小心踩到别人，应马上表示真诚的道歉，接受道歉的人此时的感觉会好得多，这种道歉对任何人来说都不是难事，而听的人觉得很舒服，并因此能避免不愉快或一场激烈的争吵。

懂 得 感 谢

在日常交际中,你的孩子懂不懂得感谢别人?有没有经常说"谢谢"?有的话,那么你的孩子一定是一个懂礼貌的好孩子。

感谢的功能是巨大的,说一声"谢谢",陌生人之间的隔阂没有了,互不相识的人亲近了,人与人之间的关系也由冷漠变得温暖。如果孩子想说"谢谢",就鼓励他马上说出来吧;如果孩子怀有感恩的心、感谢之情,就鼓励他尽快把它表达出来。要让"谢谢"成为孩子心灵的白鸽,而不要让它成为长期压在孩子心头的石头。

对他人给予自己的关心、照顾、支持、鼓励、帮助,表示必要的感谢,不仅是绅士淑女应当具备的教养,而且也是对对方为自己的"付出"所做的最直接的肯定。

在里约热内卢的一个贫民窟里,有一个非常喜欢足球的男孩,他没有钱买足球,于是就踢塑料盒,踢汽水瓶,踢从垃圾箱捡来的椰子壳。他在巷口里踢,在能找到的任何一片空地上踢。

有一天,当他在一个干涸的水塘里踢一只猪膀胱时,被一位足球教练看见了,他发现这男孩踢得很是那么回事,就送了一个足球给他。小男孩得到足球后踢得更卖劲了。不久,他就能准确地把球踢进远处的随意摆放的一只水桶里。

圣诞节到了,男孩的妈妈说:"我们没有钱买圣诞礼物送给我们的恩人。就让我们为我们的恩人祈祷吧。"

小男孩跟妈妈祷告完毕,向妈妈要了一把铲子跑了出去,他来到教练住的别墅前的花圃里,开始挖坑。

就在他快挖好的时候,教练从别墅里走出来,问他在干什么。小男孩抬起满是汗珠的脸,说:"教练,圣诞节到了,我没有钱买礼物给您,所以我想给您的圣诞树挖一个树坑。"

教练满是感动地把小男孩从树坑里拉上来,说:"我今天得到了世界上最好的礼物。明天你到我训练场去吧。"

三年后,这位十七岁的男孩在第六届世界杯足球赛上独进六球,为巴西第一次捧回金杯,一个原来不为世人所知的名字——贝利,随之传遍整个世界。

从贝利的故事,我们不难看出,懂得感谢对一个人的成长有着多么巨大的作用。感谢运用得当,在今后人际交往中,孩子必定会因为自己不吝惜这么一句简短的话,而赢得别人的回报。

此外,在方式方法上,父母应该让孩子知道,感谢有口头道谢、书面道谢、托人道谢、打电话道谢之分。

一般地讲,当面口头道谢效果最佳。专门写信道谢,如孩子获赠礼品、作品发表后这样做,也有很好的效果。打电话道谢,时效性强一些,且不易受干扰。托人道谢,除非是人家出面,效果就差一些了。

对于孩子来说,表示感谢,最重要的一点莫过于要真心实意。为使被感谢者体验到这一点,务必要做得认真、诚恳、大方。话要说清楚,要直截了当,不要连一个"谢"字都讲得含混不清。表情要加以配合:要正视对方双目,面带微笑。必要时,还须专门与对方握手致意。

孩子在表示感谢时,所谢的若是多人,可统而言之"谢谢大家",也可具体到个人,逐个言谢。

学会道歉

能够真诚说"对不起"的人,是敢于面对错误、不逃避责任、希望自己更加优秀的人。

乔治·华盛顿是美国人心目中的英雄。他领导了美国的独立战争,是美利坚合众国的创立者之一,1789年当选为美国第一任总统。他为人正直、品德高尚,深爱美国人民爱戴。为了纪念他的功绩,美国的首都就以他的名字命名。

华盛顿小的时候,家中有许多果园。果园里长满了果树,但其中夹着一些杂树。这些杂树不结果实,影响其他果树的生长。一天,父亲递给华盛顿一把斧头,要他把影响果树生长的杂树砍倒,并再三叮嘱,一定要注意安全,不要砍着自己的脚,也不要砍伤正在结果的果树。在果园里,华盛顿挥动斧子,不停地砍着。突然,他一不留神,砍倒了一棵樱桃树。他害怕父亲知道了会责怪他,便把砍倒的树堆

在一块儿,将樱桃树盖起来。

傍晚,父亲来到果园,看到了地上的樱桃,就猜到是华盛顿不小心把果树砍倒了。尽管如此,他却装作不知道的样子,看着华盛顿堆起来的树说:"你真能干,一个下午不但砍了这么多树,还把砍倒的杂树都堆在了一块儿。"

听了父亲的夸奖,华盛顿的脸一下子红了。他惭愧地对父亲说:"爸爸,对不起,只怪我粗心,不小心砍倒了一棵樱桃树。我把树堆起来就是为了不让您发现我砍倒了樱桃树。我欺骗了您,请您责备我吧!"

父亲听了之后,哈哈大笑,高兴地说:"好孩子!虽然你砍倒了樱桃树,应该受到批评,但是你勇敢地承认了自己的错误,没有说谎或找借口,我原谅你了。你知道吗,我宁可损失掉一千棵樱桃树,也不愿意你说谎逃避责任!"

华盛顿不解地问:"承认错误真的那么珍贵吗?能和一千棵樱桃树相比?"

父亲意味深长地说:"敢于承认错误是一个人最起码的品德。只有敢于承担错误的人才能在社会上立足,才能取得别人的信任。看到你今天的表现,我就放心了。以后把庄园交给你,你肯定会经营好的。"本着父亲的教导,华盛顿一生都把勇于承担责任作为人生的基本信条。后来,这个故事传遍了整个美国,也影响了一代又一代的美国人。

人非圣贤,孰能无过。成人都难免会做错事情,何况孩子呢?对于孩子来说,在做错事之后,最重要的是如何把道歉的心意向对方表白,以示自己认错的诚恳。

而对于父母来说,不能让孩子将道歉单纯地理解为一声"对不起"。

首先,要让你的孩子明白,道歉时态度必须诚恳,光是嘴巴认错,而态度却草率轻浮,别人是不会接受你的道歉的。

其次,言辞要谦恭,有的孩子做错事以后,口里虽然说的是对不起,但态度不是满不在乎就是极为勉强,这是要不得的。

再次，千万不要说"虽然那样……但是……"这种道歉的话，让人听起来觉得你好像是在强词夺理，无理争三分。道歉时，只要说"对不起!"不必再加上"但是……"因为道歉比辩解更重要。

最后，如果孩子不愿意直接道歉，父母可以教孩子学会间接道歉法，如送份小礼物，以表示歉意。还有以赞扬的方式表示歉意，如英国首相丘吉尔起初对美国总统的印象很坏，后来他告诉杜鲁门说："以前我低估了你。"以赞誉对方的方式表示对以前不恭之处的道歉。此外，以书面形式表示歉意，如写封信，送个贺卡之类。用书面语言表示道歉，或许比当面道歉来得轻松些，效果也不会差。

握手的学问

握手，是人们在日常社会交往中常见的礼节;是沟通思想、交流感情、增进友谊的重要方式;是现代交际和应酬的礼仪之一。

握手，既是一种礼仪方式，又可称之为人类的"次语言"。深情、文雅而得体的握手，往往蕴含着令人愉悦、信任、接受的契机。两人见面，若是熟人，不用言语，两手紧紧一握，各自的许多亲热情感就互相传导过去了;若是生人，则一握之际，就是由生变熟的开端。因此，握手已成为世界通行的日常交际礼节。

握手，多数用于见面致意和问候，也是与久别重逢或多日未见的友人相见或辞别的礼节。

握手，有时又具有"和解"的象征意义。据说握手是西方中世纪骑士在格斗势均力敌时，作为和解的表示，把平时持剑的右手伸向对方，证明手中没有武器，相互握手言和，发展到后来，便演变为国与国之间和人与人之间言和的象征。

握手除了作为见面、告辞、和解时的礼节外,还是一种祝贺、感谢或相互鼓励的表示。如对方取得某些成绩与进步时,赠送礼品以及发放奖品、奖状,发表祝词讲话后,均可以握手来表示祝贺、感谢、鼓励等。

对于握手怎样握才得体,通过日常的观察、总结,归纳了以下几点,供你的孩子参考:

1. 尊重对方喜欢的空间和距离。

2. 握手时微笑地注视着对方,增强亲切感。

3. 一边握手,一边与对方寒暄交谈。

4. 握手时间视对方的反应而定。如对方特别高兴,时间可稍长一点。

5. 握手应当紧和稳,但不能太用劲,以防使对方感到不适。

6. 如果要体现特别的热情,应当双手握紧对方。

7. 当手收回时,要简洁明快,且要停顿一会儿。

8. 与女士握手时,应等对方伸出手来,再上前轻轻握住。时间不宜过长。

9. 旧友见面,应当将对方的手使劲握住,以示亲热。

10. 与同学握手要稍微轻一点,握手后与对方击掌言欢,显示活泼气氛。

11. 与同乡握手,握手后要将对方的手轻轻拉一拉,表示脉系一支,乡情难断。

12. 与长辈握手时,要双手紧握,颔首致意,以示尊敬。

13. 根据亲疏程度和不同场合,握手的时间应相应地递增或递减。

14. 对方取得了成功,握手时应将对方的手高高举起,以示祝贺。

15. 送别好友,握手后应目送对方离开,并向对方挥手致意。

 ## 拜访与送客的礼节

拜访是指本人或派人到朋友府上或工作单位去拜见访问某人的活动。

人际之间、社会组织之间、个人与组织之间总少不了相互拜访。对于你的孩子来说，拜访也是难以避免的交际活动。拜访老师，拜访家长，拜访亲戚都是经常有的事情，作为父母，要想将你的孩子培养成绅士或淑女，就得让孩子学会遵循拜访的礼节。

一、事先预约，不做不速之客

拜访友人，务必选好时机，事先约定，这是进行拜访活动的首要原则。

二、守时践约，不做失约之客

宾主双方约定了会面的具体时间，作为访问者应履约守时如期而至。既不能随意变动时间，打乱主人的安排，也不能迟到早到，准时到达才最为得体。如因故迟到，应向主人道歉。如因故失约，应事先诚恳而婉转地说明。

三、登门有礼，不做冒失之客

在进入所拜访之人的寓所之前，应用食指轻轻叩门或按动电铃。若是主人亲自开门相迎，见面后应热情施礼问好；若是主人夫妇同时相迎，则应先问候女主人好。若你不认识出来开门的人，则应问："请问，这是×××先生(女士)的家吗？"得到准确回答后方可进门。

四、衣冠整洁,不做邋遢之客

为了对主人表示敬重之意,拜访做客要仪表端庄,衣着整洁。入室之前要在门垫上擦净鞋底,不要把脏物带进主人家里。

五、举止文雅,不做粗俗之客

在做客时,谈话应围绕主题,态度要诚恳自然,如有长辈在座,应用心听长者谈话。在朋友家里,不要乱脱、乱扔衣服。与主人关系再好,也不要翻动主人的书信和工艺品。未经主人相让,不要擅入主人卧室、书房,更不要在桌上乱翻,床上乱躺。做客的坐姿也要注意文雅。

六、适时告辞,不做难辞之客

"串门无久坐,闲话宜少说。"初次造访以半小时为宜,一般性拜访以不超过一小时为限。造访目的达到,见主人显得疲乏,或意欲他为,或还有其他客人,应适时告辞。假如主人留客心诚,执意强留用餐,饭后应停留一会儿再走,不要抹嘴便走。辞行要果断,不要"走了"说过几次,却口动身不移。辞行时要向其他客人道别,并感谢主人的热诚款待。出门后应请主人就此留步。

说完了关于拜访的礼仪,再来看如何送客。在人际交往中,好的开场就像一束鲜花给人愉快,而精彩的告别应该像一杯芬芳的美酒一样令人回味。否则会造成热情迎宾、冷淡送客的不良后果,给客人留下不好的印象。

如果你的孩子是主人,当客人要走时,他就应婉言相留,这是热情的自然表现,并非客套与多余。当客人起身告辞并伸出手时,方可出手相握,切不可在送客时先"起身"或先"出手",免得有厌客之嫌。

主人送客,一般应送到门外或楼下,目送客人远去时,可挥手致意,并道以"欢迎再来!"远客或年纪大的客人,如有需要(如路不熟、走路不方便等)则应送到车站或码头,待客人上车、上船并等车船开动消失在视线以外再返回。送客至机场,应待客人通过安全检查处之后再返回。

客人来访,常带有礼品,主人应表示谢意,说声:"让您破费了,实在对不起"或"让您费心,真不好意思"等,决不可若无其事,显出理所当然或受之无愧的样子。一般情况下,应遵循礼尚往来的原则,在收下客人礼品的同时回赠必要的礼品。

微 笑 待 人

在一次宴会上,其中的一位客人,她刚获得了一笔数量可观的遗产。她似乎急于给人留下一个良好的印象,她花了很多钱买了华贵的晚礼服、钻石和珍珠,可是她却没有注意到自己脸上的表情。她的神情显得那么刻薄、自私,与一个真正的淑女相差可谓天壤之别。她不明白男士们所赏心悦目的淑女,是女士们表情中所表现出的那份气质、神态,而不是她那副雍容华贵的打扮。所以她很尴尬地在那儿待了一个晚上——根本没有男士邀请她跳舞。

在人际交往中,微笑是最能拉近彼此距离的一种礼仪,也是一种最能令人愉快的表情,它表达的是一种热情而积极的处世态度。一个热爱生活的人,一个乐观豁达的人,微笑是他(她)显露最多的表情。微笑也是人所拥有的一种迷人气质,在社交中有很重要的作用。

微笑能散发出人们无法阻挡的魅力。请人帮忙时,面带微笑,别人几乎无法拒绝你的请求;感谢别人时面带微笑,别人会打心底领受你的感激之情;心情郁闷时,微笑会让你的烦恼烟消云散;开心快乐时,微笑会令你的幸福如花怒放。微笑可以化解客人的拘谨。客人来访,由于陌生和羞涩,一般都会有些拘束。而主人一面与客人亲切热情地交谈,一面神情愉悦地微笑,可以使客人紧张的情绪得以放松,感到温暖亲切。微笑还可以缓解尴尬紧张的气氛。有时在某种场合,一个人被另一个人嘲笑时,或者自己做错了事,气氛紧张时,善于社交的人都能用适时微笑或开个玩笑或说一个笑话,转移视线,以缓和气氛,解除僵局。微笑也可以帮助你拒绝他人。由于种种原因对于别人的请求不好拒绝时,板起面孔又必然得罪别人,这时候用微笑婉言拒绝,对方就很容易心悦诚服地接受。

学会微笑对孩子来说,同样有着重大的意义。

一旦孩子学会了阳光灿烂的微笑,他就会发现,生活从此就会变得更加轻松,而人们也喜欢享受他那阳光灿烂的微笑。

面对着亲人,孩子的一个微笑,能够使他们体会到,孩子和他们心心相连。

面对着朋友,孩子的一个微笑,能够使他们体会出世界上除了亲情,还有同样温暖的友情。

走遍世界,微笑是通用的护照;走遍全球,阳光雨露般的微笑是畅行无阻的通行证。

百货店里,有个穷苦的妇人,带着一个约四岁的男孩在转圈子。走到一架快照摄影机旁,孩子拉着妈妈的手说:"妈妈,让我照一张相吧。"妈妈弯下腰,把孩子额前的头发拢在一旁,很慈祥地说:"不要照了,你的衣服太旧了。"孩子沉默了片刻,抬起头来说:"可是,妈妈,我仍会面带微笑的。"每想起这则故事,心就会被那个小男孩所感动。

每一个孩子都应该学会微笑,这是每一位父母都应该帮助孩子做到的。那么,父母怎么做才能帮助孩子学会真正的微笑呢?

首先，父母要让孩子知道，微笑要发自内心，才能起到情感沟通的桥梁作用。

其次，父母要让孩子明白微笑要自然适度，指向明确，有时要与语言相结合。比如，微笑的同时可以说声"您好"。

再次，父母要告诉孩子微笑要注意场合，掌握分寸，不要在不该笑的地方笑。

最后，父母要让孩子懂得别把讥笑、嘲笑当微笑。无论什么时候都不该去讥笑或嘲笑他人。

教孩子学会分享

细心的父母不难发现，现在的孩子，大多数在物质方面什么都不缺，可是却越来越"独"，越来越小气，越来越自私，不愿意和别人一起分享，别人的就是自己的，自己的还是自己的。在别人有好东西而自己没有的时候（比如玩具或者零食），就想着办法和别人一起"分享"，而当自己有别人没有的时候，却不愿拿出来。

不懂得和别人分享是自私的行为。作为父母，要想将自己的孩子培养成绅士淑女，就一定要有意识地去培养孩子学会分享。

有这样一个故事：在一个阳光明媚的星期天，妈妈带着女儿去公园玩。来到一个小亭子里，妈妈打开装零食的小书包，女儿拿出她最爱吃的小熊饼干快乐地享受着。这时，一个哭泣的小男孩也来到了小亭子，并且一边哭一边叫妈妈。妈妈对女儿说："这个小弟弟可能是找不到妈妈了，我们把他送到公园管理处，好吗？"女儿点点头。妈妈再看小男孩，只见他眼带泪花地看着女儿手中的小熊饼干。女儿好像也察觉到了，于是下意识地用手捂住了小熊饼干。"如果是你找不到妈妈了，现在又急又饿，你希不希望吃一块饼干？"妈妈耐心地引导女儿。女儿想了想，把手伸进了书包，拿出了她最爱吃的小熊饼干。

虽然孩子的年龄小，但是他们有着善良的心地和单纯的想法，所以父母要鼓励孩子的参与意识和分享意识，使孩子对帮助别人产生兴趣，并且使孩子认识到通过帮助别人可以得到一种满足。经过时间的锤炼，孩子的这种美德意识就会在他们体内生根发芽，并且逐渐在他们心中形成一种可以影响他们今后人生的良好品质。

怎样让孩子学会分享呢？以下几点建议可以作为父母的参考：

一、学习合作

让孩子看到一起工作和分担任务的好处。或者告诉两个孩子，他们可以得到一份好吃的东西，但必须两个人分享。

二、告诉孩子必须分享

很多孩子愿意在别人家玩人家的玩具，但是让他拿出自己的玩具，他就不乐意了。如果是这种情况，你在客人到来之前，让孩子挑选几样他愿意让别人玩的玩具，告诉他不要担心玩具被弄坏。这样当他无条件地与别人分享东西时，他能感到自己对这些东西仍有控制力，它们还是属于他的。

三、不要期望太多

虽然孩子能够学会分享，但分享对孩子来说毕竟是个很难理解的观念。在要求孩子把玩具拿出来让别人玩时，一定要使他有足够的时间玩自己的玩具。承认孩子的所有权会使他感到分享是在他控制之下的。

四、对孩子每个慷慨的举动都要表扬

表扬孩子慷慨的举动，不仅能起到心理暗示的作用，让孩子认识到自己的慷慨是一种良好的行为，而且，也能给孩子足够的动力坚持这种行为。

 如何与讨厌的人相处

如何与讨厌的人相处呢？这是你的孩子应该掌握的一个交际技巧。

哈蒙曾被誉为全世界最伟大的矿产工程师，他从著名的耶鲁大学毕业后，又在德国弗莱堡大学攻读了 3 年。毕业回国后他去找美国西部矿业主哈斯托。哈斯托是个脾气执拗、注重实践的人，他不太信任那些文质彬彬的专讲理论的矿务工程技术人员。

当哈蒙向哈斯托求职时，哈斯托说："我不喜欢你的理由就是因为你在弗莱堡做过研究，我想你的脑子里一定装满了一大堆傻子一样的理论。因此，我不打算聘用你。"

于是，哈蒙假装胆怯，对哈斯托说道："如果你不告诉我的父亲，我将告诉你一句实话。"哈斯托表示他可以守约。哈蒙便说道："其实在弗莱堡时，我一点学问也没有学回来，我光顾着实地工作，多挣点钱，多积累点实际经验了。"

哈斯托立即哈哈大笑,连忙说:"好!这很好!我就需要你这样的人,那么,你明天就来上班吧!"

在有些情况下,别人所争论不休的,对自己来讲反而不那么重要。比如,哈蒙从哈斯托口中得来的偏见,这时,我们所需要的不是去斤斤计较,而是尊重他的意见,维护他的"自尊心"而已。

彼此有缘的人相处在一起,当然会感到亲切、欢喜;而遇到和自己无缘的人,光看对方的模样就可能觉得讨厌,他的一举一动,都可能令你看不顺眼、不喜欢,甚至连发型和穿着都可以厌恶。

但事实上,问题不一定出在对方身上,因为喜欢或讨厌都是主观的感受,有些可能是你自己从小养成的观念,有些则可能是过去的人生经历对交际观的影响。

同一个令人讨厌的人相处可不是一件好玩的事情。帮助你的孩子,教他学会体谅自己讨厌的人。有时候一个人认为另一个人觉得讨厌,可能仅仅是因为他们之间没有共同点。任何人在某种情况下都可能会令人生厌。

当你的孩子面对讨厌的人,他无法理解的人,关系僵持的人,他可以尝试以下几点:

1. 站在对方的角度考虑问题,多看看别人的优点而不是死咬缺点不放,学会宽容。

2. 尊重对方,关心对方,多赞扬对方,不要不舍得开金口。

3. 和攻击性较强的人相处,对方的话不必放在心上,除了侮辱人格时应义正词严外。

4. 在关系僵持或恶化的时候,一定要主动表示友好,不要碍于面子、难为情。

5. 不要来硬的,要投其所好,如果对方喜欢搓一顿,那么就私下请他搓上一顿,改善关系。

6. 人际沟通的能力很重要,人际适应的能力更为重要,学会适应各种各样的人际环境。

7. 如果孩子实在讨厌的人一个劲地跟他说个没完,他应该用比较有礼貌的方式设法逃脱。

被别人欺负时

当父母看到自己的孩子被人欺负之后,心里肯定不舒服,但父母要学会正确对待这样的事。教孩子以牙还牙,不仅不会达到保护孩子的目的,反而容易使孩子形成什么事情都靠暴力解决的坏习惯。

为了避免孩子受欺负,平时父母可以从以下两方面对孩子进行训练。

一、教给孩子两个秘诀:不睬,不怕

孩子受欺负的事多发生在小学和初中,这个年龄段的学生中常会冒出一些小霸王,他们的特点一般是教养差成绩差,由于常受批评,他们在同学面前很没面子,但虚荣心又使他们想通过欺负人来挣回面子,他们有时还会去巴结一些高年级的同类学生甚至校外的不良少年。这些小霸王们欺凌的目标,一般总是选择那些对他们感兴趣、把他们当回事,甚至和他们有某些相似之处的孩子。所以,如果不理睬他们,无视他们的存在,那就首先在气势上压倒了他们。事实上,那些志存高远专心学习的孩子惹上麻烦的机会要比其他人少得多。

二、教孩子学会大声求援

父母要引导孩子在受欺负时,学会大声求援。有的孩子生性软弱,当别人欺负他时,他只知道向后退,一直退到墙角。孩子越是退缩,欺负他的人就越是厉害。对这样的孩子,父母应当告诉他,不用害怕,而要大声呼救。高声地喊叫,能吸引其他人的注意,使攻击的人住手。

那么,孩子受欺负后,父母该如何处理此事呢?

首先,父母要避免感情用事,不要不问原因就要孩子"以牙还牙"、"他打你,你就打他",这是很愚蠢的做法,会使孩子习惯用武力解决问题,不利孩子良好素质的养成。

其次,要先安慰孩子,安慰是一副良药,会使孩子内心力量强大。孩子间互相打架是很正常的事情,在看到孩子被人打了以后,不要急着追根问底,因为不恰当的询问只会让他更加紧张。父母要做的是先安慰孩子,等他心情平复以后,再问明真相。

最后,父母不要着急替孩子做主,孩子之间的事情,先要问问孩子:你准备怎么办?这样做,一方面可以培养孩子独立处理问题的能力,另一方面,也可以了解孩子的真实态度。在问明孩子的态度之后,如果孩子的想法正确,就让孩子按他的想法做;如果不正确,父母则可以进行合理的引导,同孩子共同探讨处理问题的方法,最终解决问题。

总之,当孩子受了欺负时,父母一定要冷静、豁达,对孩子的关爱要恰当,化不愉快为愉快,化不利为有利,充实孩子的人生经验和智慧。

 打电话礼仪

当孩子会使用电话时,父母应该认识到,电话的使用看似非常简单,但其中也存在相关的知识和规则,当然,还有拨打和接听电话的一些礼仪。

在如今这个信息化时代,电话的使用非常普遍。电话走进了千家万户,沟通着人们的情感,联络着彼此的关系。也许人人都会打电话,但并不是每个人都懂得电话礼仪。虽然打电话时彼此看不到对方的面容和行为,但是你的举止言谈、修养、礼貌等基本素质都可以通过电话传播出去。因此，在家庭教育中，父母有必要给予孩子电话礼仪方面的教育。

拨打电话时应该遵守的礼仪有以下几种：

一、注意打电话的时间

除非是与对方事先预约好得到许可，一般不要在进餐时间和休息时间打电话，尤其是不能在晚餐时打电话，以保证对方顺利进餐和与家人的团聚。不要在晚上9点以后打电话，以免打扰对方休息。

二、注意打电话的行为

打电话时可以找到一个舒适的姿势站立、端坐或走动，这样做可以保证你说话时语气的顺畅，再配以轻微的手势，自然能清楚表达你的意思。即使对方看不到你，你也不要衣冠不整、体态随便地打电话，更不能吃着东西、看着书、跟别人说着话或看着电视而心不在焉地打电话，这些不礼貌的行为会通过电波传递给对方，使他感到你对他的不尊重和不在乎。

三、注意打电话的礼貌

如果有家人或朋友在场，要事先打个招呼：对不起，我要打个电话。如果是在亲戚家或别人家,要征求主人:"我能打个电话吗?"得到许可后再打,并避开众人私下通话。

四、注意打电话的程序

拨号接通电话后先通报自己的姓名:"你好! 我是……"同时征求:"你现在有时间和我说话吗?"然后再开始下面的谈话。如果接电话的是别人,要有礼貌地学会转话:"你好! 我是……我能和……通话吗? 谢谢!"通话完毕自己先说再见,让对方先挂机,自己再挂机。

接听电话的礼仪有以下几种:

1. 如果电话是找你而你知道是谁,就热情大方地与对方通话。如果电话找你而你一时想不起是谁,注意询问的口气和语句要亲切,并认真倾听对方说话。如果电话是找你的家人或朋友,应告诉对方请稍等,然后轻轻走过去告诉他们有人找,不要手拿电话扭头冲着他们大声嚷嚷,你的声音会通过听筒传到对方耳朵里,使他感到不舒服。当家人或朋友来接听电话时,你要自然避开不听他们通话,以尊重他人的隐私权。

2. 接听电话时一定要专心,注意倾听,自然地随声附和应答,不走神,不吃东西,暂时放下手头的事,让对方感到你在认真听他讲话,以表示你的关注。

3. 接听电话时还要注意,电话应放在容易拿取和走动的地方,电话机旁放好便笺和笔,以便随时记录电话留言。父母可以示范给孩子看记录,然后帮助孩子记录,记录时注意写下对方的姓名、电话号码和重要信息。预约电话要提前打,语言表达要简短清楚。平时教孩子认识紧急电话的号码如110、120、119 等,帮助孩子学习拨号,练习接通电话后如何以简练的语言表达清楚自己的意思,以便在紧急时刻使用。

此外,父母还要让孩子意识到:电话是一种公共资源。不论在家里还是社会上,也不论是打电话还是接电话,最好都不要用电话闲聊。因为这是一种资源的浪费。

写信要注意的地方

由于现在普遍流行用电子邮件交流,用写信来联系的人似乎越来越少了。但是,手写的信件与电子邮件相比具有更强的影响力。手写的书信是我们可以彼此给予的最直接、最持久、最宝贵的礼物。这种书信给人以真实的感觉,也更能够体现出写信者的真实感情,为后人留下欣赏和品味的精神财富。在快节奏的现代生活中,一封温馨的书信饱含浓郁的人情味,能够调节我们紧张的生活。因此,父母应该有意识地培养孩子手写书信的好习惯,当然,这其中也要教给孩子写信需要注意的一些礼节,尤其是孩子在给长辈或师长写信的时候。

信,在我国古代被称为"尺牍",作为情感交流和传达信息的载体,这种文体已经存在很久了,并已形成了自己固定的格式。一般来说,一封合格的书信包括以下几个部分:上款(即对收信人的称呼)、正文、结尾、下款(写信人的自称)、日期。

开头对写信人的称呼,你的孩子平时怎么叫,就让他怎么写,如××同学,××姨妈,如果需要表示尊敬、亲切的意思,可在称谓前加上修饰语:敬爱的、亲爱的等。

正文是书信的主体,在孩子的文字表达能力还不够时,父母不要刻意要求孩子写得多么精彩,只要语句通顺,能表达出主题,没有太多的错别字就可以了,更多的东西以后可以慢慢培养。

父母要让孩子把字写得尽量工整一些,可以不好看,但至少要清楚,让收信人知道你写的是什么。

正文写好后,为表示礼貌起见,末尾应写上表示祝愿、敬意、勉励的话。如"此致敬礼!""祝您愉快!"等。选择哪些礼貌用语,可根据收信人与写信人的关系及收信人的具体情况而定。这些祝词的格式一般分开书写；"此致""祝您"等另起一行空两格；"敬礼！""愉快！"等在下一行的顶头写，然后在右下方署上写信人的名称，视具体情况，名字前面加上与收信人的关系、辈份也可。最后填上日期，要准确以免误事。

 # 网络礼节：保护自己的安全

网络是使孩子获取信息的途径，既能丰富生活，又可以体验无穷的乐趣。当你上网"冲浪"时，只要鼠标一点，就能消除时间和空间的距离，足不出户便能感知世界每个角落的风云变幻。

然而，网络世界在给孩子提供方便快捷的大量信息的同时，也向他们"展示"了许多有害信息，带来了许多弊端。像现实世界一样，网上也有"垃圾"，特别是不健康的信息、低级趣味的游戏等不安全因素，会使上网的孩子受到侵害。所以你的孩子有必要学会网上筛选信息，学会网上设防。

网络专家曾进行长时间的调查统计，全世界有数以万计的黄色网站，大多是以营利为目的地传播黄毒。他们在网上开设的色情信息有小说、影视剧、图片等，只要输入某种形式的金钱，就可以随意调阅。他们还在网上建立色情信息讨论组，以此吸引青少年参与讨论，达到更广泛深入地传播黄毒的目的。

你的孩子上网时要树立自我保护意识。上网时发现自己信箱内有色情的信息，要及时删除，不要为满足好奇心而下载黄色内容阅读或传播，否则一旦染上黄毒，就难以自拔而走向犯罪。对网上的暴力信息，如音乐、影视、动画、游戏、赌博等，要坚决与之绝缘。这些不健康的信息，对孩子的身心健康有着极为不良的影响。

网上交友是当今时尚之一。网上的"聊天室"，是"网虫"们交流的驿站，孩子往往能在这里与各类的朋友畅所欲言,很容易在网上获得为人处世的成就感和满足感。然而,对辨别能力较低的孩子来说,也潜伏着与不可靠的人、心理不健康的人以及罪犯结交的危险。因而,孩子在网上交友要慎重,要有自我保护意识:

1. 进入聊天室时,不要把自己的真实姓名、家庭电话、密码、地址、学校名称、父母职业、家庭经济状况等告诉"网友",更不要向"网友"发送自己的照片,以免成为其日后敲诈勒索你的工具。银行卡上突然没钱了,父母突然收到勒索信件,或者你接到匿名电话说要将你的裸体照片公布于众……这些都是可能的。所以一定要学会保护自己,以免受害。

2. 与"网友"聊天时,如果对方传递不健康的信息,或是色情图片,要立即停止聊天。有谈情说爱的要求,决不能理睬。青春期的男女最容易"骚动",但网上的情爱不可轻易相信。

3. 不要自己单独去与"网友"会面,如果确认自己对"网友"已有所了解,并且认为这是一次难得的交往,将有助于自己日后的学习,因此非常有必要会面的话,也一定要在其他人的陪同下进行,而且必须选择公共场所见面。

4. 抵制网上犯罪。网上犯罪主要有四种:"网上贩毒""网上窃密""网上黑客""网上侵权"。全球范围的网上犯罪,呈低龄化趋势。网上犯罪者大多受过良好教育,聪明又有钻研精神,但由于法律意识淡薄,走上了网上犯罪的道路。所以,你的孩子要规范网上行为,上网前,认真学习我国颁布的《中华人民共和国计算机信息网络国际联网管理暂行规定》,接受普法教育,做个遵纪守法的好网民。

第三章

绅士淑女的个人礼仪

培养良好的个人礼仪

成功学大师拿破仑·希尔曾经说过:"世界上最廉价,但能得到最大收益的一种事物就是礼仪。"注重礼节,讲究礼仪,是每个追求成功之人的必修课,也是对人生负责的一种表现,孩子也不例外,一定要从小就培养起注重礼仪的好习惯。

在人际交往中,作为孩子,首先要做的就是培养良好的个人礼仪。

个人礼仪包括仪容仪表、仪态举止、谈吐、着装等几个方面。那么,父母应该让孩子在这几个方面怎么做呢?

一、仪容仪表

要求孩子整洁干净。脸、脖颈、手都应洗得干干净净;头发及时理、经常洗,指甲经常剪,注意口腔卫生,早晚刷牙,饭后漱口;经常洗澡、换衣服,消除身体异味,有狐臭要及早治疗。

二、仪态举止

主要是从站、坐、行以及神态、动作提出要求,古人对人体姿态曾有形象的概括:"站如松,行如风,坐如钟,卧如弓。"优美的站立姿态给人以挺拔、精神的感觉,身体直立、挺胸收腹、脚尖稍向外呈 V 字型,忌讳无精打采、歪脖、耸肩、塌腰,正式场合不能叉腰或双手交叉。坐姿要求端正挺直而不死板僵硬,不能半躺半坐,两腿不能叉开,双手自然放在膝或扶手上,大方得体。走路要求挺胸抬头,肩臂自然摆动,步速适中,忌讳摇摇晃晃,或者扭捏碎步。

成长中的绅士和淑女

三、谈吐

礼貌待人,态度诚恳、和气、亲切,谈吐文明,使用礼貌语言,如:"请""谢谢""您好""对不起""没关系""真过意不去""让您久等了""这是我应该做的"等。谈吐语言要简洁得体,不能沉默无言,也不能自己喋喋不休,要认真倾听对方讲话,交谈时可以注视对方的鼻尖或看着对方眼睛,忌讳东张西望、翻看其他东西。交谈人多时,不可只跟一人谈话而冷落其他的人。

四、表情神态

教育孩子表现出对他人的尊重、理解和善意。与人交往要面带自然微笑,千万不要出现随便剔牙、掏耳、挖鼻、搔痒、抠脚等不良习惯动作。

五、就餐

就餐前,要先招呼长辈和客人。就餐时,不高声说笑,不挑菜翻菜,不剩饭,若提前离席,在放碗筷前要说:"你们慢慢吃。"

六、娱乐

收听音乐、看电视时音量要小,不能影响家人或邻居,看电视选台时要尊重多数人的意见。

穿着打扮不可忽视

"先敬衣装后敬人"，这是现实生活中常有的一种现象。的确，从道德上说这是不公正的现象，但面对现实的社会观念，我们尚无法改变。因为要对方了解你的内在美，尚需一段时间，而体现一个人个性的着装却一目了然，给人留下一个美好的印象。

让你的孩子留意自己的穿着，并不是让他穿上最流行、最时髦、最昂贵的衣服，而是希望你的孩子穿得干净、整洁、合体，忌讳脏兮兮、皱巴巴，以朴素、大方、明快为宜，既不要不修边幅，也不要一味追求时髦，袒胸露背露大腿，更不要穿奇装异服。至于衣服是新是旧，质料是好是坏，并不是主要问题。

有一本畅销书叫《应酬之道》，书中提出，在与人见面前应注意以下几点事项：

鞋擦过了没有？

裤管有没有痕？

衬衣的扣子扣好了没有？

胡须刮了没有？

梳好头没有？

衣服的褶子是否注意到？

乍听之下，这似乎很可笑，且有点大题小做。可事实上，这些小打扮能给人留下良好的印象，整洁的着装总是给人一种信赖感，而这也是对绅士淑女的基本要求，所以，在穿着上，你的孩子千万不能疏忽大意。

此外，父母应该注意，对于孩子的穿着打扮，不可过分追求华贵，要把握住适度的原则。

现在,由于很多家庭只有一个孩子,经济又比较宽裕,所以有的家长就以为把孩子打扮得越讲究越时髦越好,他们给孩子烫头发,染指甲,抹口红,戴项链,高档毛衣裙子一件又一件,有的父母甚至给孩子穿上小旗袍,戴上瓜皮帽,活像个小大人。

穿着是每个人正常的生活需要,爱美是人之常情。孩子对美是敏感的,适当地满足孩子们穿着打扮的愿望也是无可非议的,但一味追求打扮,就会使孩子从小追求庸俗的低级趣味,把孩子引入歧途。而这,绝对不是培养绅士淑女的正确途径。

不适当地打扮孩子,有很多不良后果。幼儿园上课时,老师发现有的孩子注意力不集中;有的孩子剥弄指甲上的指甲油;有的孩子因为攀比衣着而发生不愉快的纠纷;有的孩子烫了头发怕梳头、洗头,结果生了头虱;有的孩子穿上硬底高帮皮靴,运动时经常跌倒;有的孩子由于穿了昂贵的衣服唯恐弄脏而不敢参加活动;有的孩子裤子做得很紧身,裤裆短,结果肚子常露在外面而受冷,男孩还影响生殖器的发育。

孩子是好动的,在活动中身心得到发展,因此孩子的穿着应便于活动,衣服既不能太小束缚孩子的发育,也不宜太大太长,显示不出孩子的天真活泼。衣服的衣料不必太昂贵高级,不要让孩子为衣着而不敢活动。要从小培养孩子节俭、朴素的生活作风。在日本的幼儿园里,孩子都剪短发,穿软底跑鞋,衣服上很少有装饰物,衣料也朴素大方、整洁、活泼,便于活动。

走路的正确姿势

对于正处在成长期的孩子来说,培养正确的走路姿势是一个不能忽视的问题。弯腰、外八字、低头走路……这些不正确的走路姿势不仅难看,还会影响大脑的健康。

在国际医学界，步态训练是脑病患者康复的重要课题，走路抬头挺胸才利于周身与大脑的气血回流，也就是说，抬头挺胸走路时，是让大脑得到休息的机会，这个姿势使低头工作的状态变为"阳气升发"的抬头状态，正好补偿了人因为低头工作，给大脑造成的紧张以及气血流通不畅。低头走路造成的结果就是阳气不升，从而影响大脑正常的气血供应。

人在走路时，全身七经八脉都跟着一起活动，而含胸、弯腰的走路姿势正好让这些经脉得不到很好的舒张，身体得不到应有的供氧。此外，这种走姿所造成的脊柱问题，会反射到大脑，使人无论在伏案工作还是走路时，大脑都处于紧张状态。白天的这种不得缓解的紧张，造成大脑过劳，会影响夜间的睡眠。

内、外八字的走路姿势也是如此，外八字走路有碍阳经，使肝、脾、肾脏气血紧张，血流不畅，影响大脑血液的供应，造成大脑血液回流不畅。内八字则影响胆、胃和膀胱的经络，而这些经络均在脊柱的周围，脊柱周围气血不畅，一样影响大脑血液的循环。

青少年常体现出的侧颈、斜肩的走路姿势会影响督脉的气血运行造成气血不周，阳气不升。

对于父母来说，要纠正孩子不良的走路姿势，就得先从纠正孩子的不良站姿做起。可以让孩子在家里对着大镜子自我检查。人在照镜子时会不自禁地挺胸抬头。然后在走路时有意识地保持端正的姿势，做到不偏不斜，不前倾。

总的来说,走路时的正确姿势应该是,双目平视前方,头微昂,颈正直,胸部自然上挺,腰部挺直,收小腹,臀部略向后突,步行后蹬着力点侧重在跖趾关节内侧。

 ## 培养正确的坐姿

在生活中,您有注意孩子的坐姿吗?有意识地培养过孩子采用正确的坐姿吗?您孩子的坐姿规范吗?为了孩子的健康,也为了能给别人留下一个好的印象,请父母关注孩子的坐姿。

坐姿是一个人体态美的外在表现之一,它传达着丰富的信息,是给别人的一种直观的感觉,是第一印象的重要表达元素。端正优雅的坐姿,可以带给人以文雅稳重、自然大方的美感,可以显示个性庄重儒雅的魅力。所以说,要想将你的孩子培养成绅士和淑女,就请关注孩子的坐姿。中国传统文化对坐姿的要求,可以用三个字精练概括:"坐如钟"。由这三个字我们可以看出,古代人们理想的坐姿是端正、稳重。

事实上,正确的坐资不仅表达了人们对外在形态美的追求,更蕴含了人们追求健康的美好愿望。因为坐姿与健康也是息息相关的。

孩子们正处于发育阶段,

而且是各方面习惯培养和形成的重要时期，因此在这个时期强调孩子的坐姿，督促孩子养成正确、良好的坐姿，其意义就显得尤为重要了。

一方面，孩子们的骨骼正处于发育阶段，柔韧性非常好，但同时也非常容易受到"冲击"。当孩子在读书写字、看电视、玩游戏时不注意坐姿，或者由于桌椅比例与孩子不相匹配导致孩子坐姿不正确等等，久而久之，孩子便将养成不良的坐姿习惯，很有可能造成孩子骨骼的变形，不利于身体保持平衡，出现驼背或肌肉疲劳等症状。这些都不利于孩子的健康。

另一方面，坐姿与孩子的视力也密切相关。不正确的坐姿会造成眼睛的疲劳，使眼功能调节长期处于紧张状态，长此以往，势必导致视力下降。因此，父母在孩子读书写字的时候要经常提醒孩子注意坐姿，及时地矫正孩子的错误姿势。同时，还要让孩子学会调节，不要长时间地盯着书本，坐在座位上，应每隔一段时间就要离开座位走动一下，眺望远处绿色的景物等等，帮助孩子缓解疲劳，保护视力。

关注孩子的坐姿，从小帮助孩子养成良好的坐姿习惯，不仅能为孩子的健康、快乐的成长打好基础，也能为孩子成长为绅士淑女打好基础。一举两得的事情，家长何乐而不为呢？

 遵守交通规则

违反交通规则和随地吐痰一样，都是一种个人低劣品质的反映，都是一种不文明的现象。你的孩子一定要从我做起，自觉遵守交通规则。

违反交通规则的人，不但是对交通法规的藐视，同时也是对自己生命安全和别人生命安全的不尊重。因为一些人违反交通规则而导致的交通事故不计其数，有的甚至赔上了性命。这样的教训已经非常多了。所以，为了孩子的人身安全，也为了让孩子学会尊重别人的生命，父母一定要让孩子懂得交通规则和遵守交通规则。如在街道、马路上要走人行道和靠右边行

走;过马路时,要走人行横道线,并注意来往车辆;会看红绿灯,知道车辆是"红灯停、绿灯行";不在马路上或过马路时追逐打闹等,这些相关的交通章程都可以轻易找到,父母一定要将其中与孩子有关的告诉孩子并让孩子学会遵守。

要让孩子做到遵守交通规则,最重要的一点就是父母要以身作则,在同孩子一起出行的时候,一定要严格遵守交通规则,给孩子树立一个良好的榜样。

此外,父母还要教育孩子按时上学、回家,在上下学的路上不要逗留、玩耍,一旦迷路找不到家了,会去找警察叔叔问路,而不要跟不认识的人走。

 ## 照相时应注意的礼仪

父母应该告诉自己的孩子,在照相机的镜头对准自己时,不宜做出出格的动作,尤其是在照合影时。照合影时,如果一个人乱做鬼脸,或者恶作剧地把手放到别人的头上就会毁掉这张照片,当然,或许有的父母会认为,这样反而能体现出孩子的天真可爱,但你不能保证每一个人都与你的想法一致,在很多人看来,这是无礼的行为,甚至会因此而怀疑你的家教。

如果你的孩子要求同别人合影,比如同学、老师或者明星。他就更应该规矩地站在别人的旁边,面对照相机,保持微笑。照相之后,他还应该向别人表示感谢。

具体地讲,孩子在照相时需要注意以下几点(需要做出动作时可以向照相的人征求看法):

1. 双眼要注视照相机,尽量不要眨动。

2. 身体站直。

3. 把下巴稍微放低一点。

4. 外套的纽扣应该系上。

5. 双手放在身体两侧,大拇指贴在衣服边缝上。

6. 可以把一只手插进口袋里,但不要把两手同时插进口袋。

7. 两脚之间的距离不能超过 7~10 厘米。

8. 面带微笑。

按照上述几点规则为你的孩子拍一组照片,然后再拍一组孩子可以随意站立的照片。比较这些照片,和孩子讨论哪些照片效果更好。这样做也有利于培养孩子正确的照相姿势。

 ## 送礼受礼时的礼仪

没有人不想拥有成功,也没有人不想在人际交往中处处受欢迎、为大家所喜欢,你的孩子也不例外。而要想拥有这些,你的孩子就必须要了解一些关于送礼和受礼的礼仪。

一、送什么礼物?

礼物是感情的载体,因人因事因地送礼,是社交礼仪的规范之一。

无论你的孩子要送任何人任何物品,作为父母,你都应该告诉孩子,送礼时一定要表示出足够的心意,或酬谢,或解疑,或交友等。所以对于礼物的选择,也应符合这一规范要求,要针对不同的受礼者的不同条件区别对待。孩子选择的礼物必须与自己的心意相符,并使受礼者觉得这份礼物非同寻常,备感珍贵。一般说来,对家贫者,以实惠为佳;对富裕者,以精巧为佳;对朋友,以趣味性为佳;对老人,以实用为佳;对同学,以启智新颖为佳;对外国朋友,以特色为佳。

实际上,最好的礼物应该是根据对方兴趣爱好选择的、富有意义、耐人寻味、品质不凡却不显山露水的礼物。因此,选择礼物时要考虑它的思想性、艺术性、趣味性、纪念性等多方面的因素,力求别出心裁,不落俗套。

关于孩子应该送什么礼物,绝对是需要费点心思的事情,父母切不可让孩子在没有想法的情况下,随便挑选礼物。

在决定送什么礼物之前,要让你的孩子明白,第一件要做的事就是考虑对方有什么爱好、兴趣和禁忌;

其次要让孩子考虑清楚送礼的原因和目的,尽量使礼物恰如其分;

再次,在一般情况下,不要让孩子送过于贵重的礼物,因为礼物的意义并不在其价格,而且,过于贵重的礼物易使对方产生不安;

最后,还要让孩子注意礼物的包装。在包装上面多花点心思,有时会起到"彩云托月"的作用。

此外,有一点值得指出,就是你的孩子如果要给外地的朋友或者亲戚赠送礼物的话,可以选择本地出产的独特礼品,建议你的孩子在把这些礼物送给朋友时,告诉对方这件礼物的独特之处。这样,每当对方用到或看到这件礼物时,就会想起你的孩子。

二、送礼要别出心裁

孩子送礼时考虑的东西一般较少,想到什么就会送什么,这是孩子的天性使然,父母没有必要为此担心,也没有必要将成人送礼的那一套规则教给孩子,这样做很可能适得其反。但这其中有一点父母需要告诉给孩子,即送礼要尽量别出心裁。毕竟,礼物是寄托思想感情的载体,其价值不是以金钱的多少来衡量,更重要的是以礼物本身的意义来体现的,所以送礼要富有新意,不要落入俗套。

唐朝时回纥国派一个叫缅伯高的人去给大唐皇帝送礼,礼物是一只天鹅。这位老兄途经沔阳时想给天鹅洗个澡,哪知,一不小心让天鹅给飞跑了,只有一根鹅毛掉在了地上。送给天子的"贡品"弄丢了,这是杀头的大罪,缅伯高吓得号啕大哭,越哭越伤心,伤心之余,却想出了首打油诗:"将鹅贡唐朝,山高路遥遥。沔阳湖失去,倒地哭号号。上复唐天子,可饶缅伯高。礼轻情意重,千里送鹅毛。"据说,他后来真把鹅毛连并这首打油诗一起送给了皇帝,皇上被这个故事感动了,不但没杀他,还拿美酒款待了这个马大哈。这便是"千里送鹅毛,礼轻情意重"的来历了。

总之,父母需要让孩子明白这样一个道理:一件付出你大量心血、蕴含着你诚心的礼物,会使人产生意外的感激之情,其效果即使是最昂贵的珠宝也无法比拟。

三、注意送礼的场合与对象

成人之间,送礼需要注意场合与对象,孩子送礼时同样需要注意。下面的内容说明了你的孩子在哪些场合给哪些对象需要送礼物,以及送什么样的礼物比较合适:

在老师的生日或年终给老师送的礼物:贺卡、鲜花、水果。

在朋友的生日给朋友送的礼物:生日蛋糕、玩具、文具、图书、饰品、体育用品、纪念品、宠物。

向护士表示感谢时送的礼物:鲜花、水果、巧克力。

给体育教练送的礼物:饭店或运动商店赠券,有明星签名的足球、篮球或者排球等等。

给病人送的礼物:滋补品或保健品并不是最好的选择,因为病人正在治疗期,每日要按时服药或进行针剂注射,并不适合服用补品。送给病人的礼物以鲜花或小小的盆景为宜。但是,送鲜花是十分有讲究的,有些花并不适于送给病人。一般来说,下列花卉是不错的选择:玫瑰、康乃馨、满天星、

百合、天堂鸟等。

四、送礼的时机

用"师出有名"来形容送礼的时机最恰如其分了。

节日、生日、婚礼等有意义的纪念日，或探视病人时，这都是送礼的最佳时机。因为这些时候送礼可以使收礼者不感到突兀，认为自然，容易接受。在西方国家，圣诞节是最重大的节日。圣诞节时，天真烂漫的孩子们为收到各种新奇的玩具而兴高采烈，以为这是圣诞老人送给他们的礼物。

送朋友远行，也常赠礼物。礼物通常是鲜花、点心、水果或书籍杂志等。礼物上须附有名片，以祝他一路平安。

送礼的时间间隔也很有讲究，过于频繁或间隔过长都不合适。送礼者可能手头宽裕，或求助心切，便时常大包小包地送上门去。有人以为这样大方，一定可以博得别人的好感，细想起来，其实不然。因为你以这样的频率送礼目的太强。另外，礼尚往来，人家还必须还情于你。

总之，让孩子把握好适宜的送礼时机，是送礼艺术的关键。

五、接受礼物时的礼仪

父母不应该让孩子随便接受别人的礼物，但也不应该让孩子随便拒绝别人的礼物，这样会让对方难堪并认为你不尊重他，是否接受礼物，关键在于弄清送礼者与孩子是什么关系，为什么要送礼，如果一切正常的话，就应该让孩子学会接受礼物。

在接受礼物时，你的孩子应该看着对方，双手接礼，并向对方表示谢意。接受外国客人的礼物要当面拆开表示开心，而接受东方大多数国家的客人馈赠时则不能当时打开，除非对方请你打开看一看才可以。

当孩子不喜欢一件礼物时，父母应该告诉自己的孩子，要把注意力集中在送礼物的人身上，而不是礼物本身。送礼物的人花费时间和精力去挑选礼物，而他们的用意当然是让你的孩子开心。从这一点出发，无论孩子是否喜欢一件礼物，都应该向送礼的人表示感谢。

第三章　绅士淑女的个人礼仪

孩子可能收到重复的礼物,在孩子的生日宴会上,这是很可能碰到的一种情况,毕竟,适合孩子的礼物并不多。在这种情况下,你的孩子会有三种选择:同时收下两件礼物;将其中一件退掉;同时收下两件礼物,并把其中一件送给其他人。第二种是最差的做法,千万不要让孩子这么做,至于第三种做法,虽然可行,但父母应该让孩子注意以下几点:

1. 收礼人和送礼人以互不认识为佳。

2. 转送礼物最好不要公开,但也不宜刻意地隐瞒。

3. 当最初的送礼人向你的孩子询问礼物的去向的时候,你的孩子要如实回答。

六、怎样回礼、拒礼、退礼

在孩子接受了他人的礼物后,父母应该告诉孩子,如有可能应予以回礼。正所谓礼尚往来,有礼有节的接受和馈赠,有利于拉近双方的距离,增加合作的机会。

收到礼物后,你的孩子最起码要写封信向送礼的人道谢,收到礼物后一句话也不说是十分无礼的表现。

当然,你的孩子也要在适当的时候回礼。

回礼可以是任何形式的,文具、玩具或者图书等都是孩子之间友谊的表达。

有时候,孩子还需要学会怎样拒礼。

受礼并不是来者不拒、来多少收多少。对有些礼物应持谨慎态度,做到心中有数:

一个并不熟悉的人送给你极其昂贵的礼物。

一件你觉得送礼者并不是心甘情愿送的礼物。

一件隐含着需要你发生不道德行为的礼物。

一件让你觉得似乎自己受控制的礼物。

一件你认为你不应得到的礼物。

一件你实在不想接受的礼物。

对于上面这些礼物,你的孩子可以选择拒收,如果送礼人坚持要送,孩子可以先接受,事后请父母送回并附上"谢谢,心领了""谢谢你的好意"等字样的小条子或小信函。

拒礼以及退礼得讲究策略,千万不要太伤送礼者的感情,可以寻找一些让对方能接受的理由退礼,让对方能下得了台。

 个人举止禁忌

这里所说的禁忌行为,是被常人称之为"小节"的动作举止。"小节"虽小,但它们不仅是影响人整体形象的主要因素,而且是构成个人公德观念的重要内容。因此,你的孩子不可将这些视为毫末小事,而应该给以足够的重视。

忌一,在众人之中,应避免从身体内发出各种异常的声音。咳嗽、打喷嚏、打哈欠等均应侧身掩面再为之。

忌二,在公共场合不得用手抓挠身体的任何部位。文雅起见,最好不当众抓耳搔腮、挖耳鼻、揉眼、搓泥垢,也不可随意剔牙、修剪指甲、梳理头发。若身体不适非做不可,则应去洗手间完成。

忌三,公开露面前,须把衣裤整理好。尤其是出洗手间时,你的样子最好与进去时保持一样,或更好才行,边走边扣扣子、边拉拉链、擦手甩水都是失礼的。

忌四,参加正式活动前,不宜吃带有强烈刺激性气味的食物(如葱、蒜、韭菜、洋葱等),以免因口腔异味而引起交往对象的不悦甚至反感。

忌五,在公共场所里,高声谈笑、大呼小叫是一种极不文明的行为,应避免。在人群集中的地方特别要求交谈者加倍地低声细语,声音的大小以不引起他人注意为宜。

忌六,对陌生人不要盯视或评头论足。当他人做私人谈话时,不可接近之。他人需要自己帮助时,要尽力而为。见别人有不幸之事,不可有嘲笑、起哄之举动。自己的行动妨碍了他人应致歉,得到别人的帮助应立即道谢。

忌七,在公共场所最好不要吃东西,更不要出于友好而逼着在场的人非尝一尝你吃的东西不可。爱吃零食者,在公共场所为了维护自己的美好形象,一定要有所克制。

忌八,感冒或其他传染病患者应避免参加各种公共场所的活动,以免将病毒传染给他人,影响他人的身体健康。

忌九,对一切公共活动场所的规则都应无条件地遵守与服从,这是最起码的公德观念。不随地吐痰,不随手乱扔烟头及其他废物。非吐非扔不可,那就必须等找到污物桶后再行动。

忌十,在大庭广众之下,不要趴在或坐在桌上,也不要在他人面前躺在沙发里。走路脚步要放轻,不要走得咚咚作响,遇到急事时,不要急不择路,慌张奔跑。

这些不利自己又影响他人的行为举止,除令人望而生厌外,还从根本上与良好的个人礼仪相悖。因此,在日常生活中我们不应等闲视之。

成长中的绅士和淑女

第四章

绅士淑女的言谈礼仪

如何自我介绍

在人际交往中,自我介绍是不可或缺的一种礼仪。从交际心理上看,人们初次见面,彼此都有一种了解对方,并渴望得到对方尊重的心理。这时,如果能及时、简明地进行自我介绍,不仅满足了对方的渴望,而且对方也会以礼相待,自我介绍。这样,双方以诚相见,就为进一步交往奠定了良好的基础。

所以说,父母很有必要教会孩子如何进行自我介绍:

一、要让孩子充满自信

在日常交往中,有的孩子怕见陌生人,见到陌生人,似乎思维也凝固了,手脚也僵硬了。本来伶牙俐齿的,变得说话结巴;本来笨嘴笨舌的,嘴巴更像贴了封条。这种状况怎能介绍好自己呢?要克服这种胆怯心理,关键是要自信。有了自信心,才能介绍好自己,给别人留下好的印象。

二、介绍要真诚自然

有人把自我介绍称为自我推销。既然推销产品时需要在"货真价实"的基础上做宣传,那么推销自我时也不能不

顾事实而自我炫耀。因此,做自我介绍时,最好不要用"很""最""极"等极端的词汇,给人留下"狂"的印象;相反,真诚自然的自我介绍,往往能使自己的特色更闪闪发光,引起人们的注意。

三、要让孩子考虑对方的心理

自我介绍的根本目的是要给对方留下一个印象,因此父母要让孩子学会站在对方理解的角度来说话。这样的介绍,才不会使对方心中结下疑团,也才能使对方继续听你的发言。

此外,父母还要让孩子明白,在介绍自己时,一定要重视那个或那群与你打交道的人,要随机应变。如你面对的是年长、严肃的人,你最好认真规矩些;如与你打交道的人随和而具有幽默感,你不妨也比较放松地展示自己的特点,做出有特色的自我介绍来。

绅士和淑女都需要流利的口才,而自我介绍就是表现口才的良好开始,它能成为吸引人的广告,让孩子的形象深入人心。

 怎样称呼别人

称呼,就是对人的称谓。用什么称谓称呼人,既是个礼貌问题,也是个态度问题,同时也反映了说话人与被称呼者之间的关系。称呼是礼仪的开始,会做人的人都懂得这一点,称呼上打动别人,交往起来也就容易了。

对于父母来说,要想把自己的孩子培养成绅士淑女,就应该让他掌握称呼的艺术。

1. 对长辈的称谓。对长辈应以亲属称谓相称,如爷爷、奶奶、爸爸、妈妈、姑姑、舅舅等。称呼长辈的姓名、职务、身份、职业等都是不礼貌的。

2. 对平辈的称谓。对平辈可相互用亲属称谓或加排行序列称谓相称,如哥哥、妹妹、二哥、三妹等。

3. 对邻居和熟人的称谓。对关系较密切的熟人，比如邻居，可大致仿照自己亲属的性别、年龄、身份等来确定相应的称呼，还可以"姓加亲属称谓""名加亲属称谓""姓名加亲属称谓"称呼，如"王奶奶""李叔叔"等。

4. 对陌生人的称谓。对陌生人的称谓，如果是长辈，可以称"老爷爷""叔叔""阿姨""大哥哥""大姐姐"等。

此外，父母应该让孩子知道一些称呼别人时必须注意的问题：

一、要注意民族、时代、地域的差异

各个不同的国家、民族对人的称呼都有一些独特的习惯，如在日本，对妇女也可不称"女士""太太""小姐"，而称"先生"，如"米费子先生"。而汉民族语言中的称呼语相对于其他民族语言中的称呼语要复杂得多，不仅要看人的性别、辈分、年龄，还要分敬称和谦称。有的民族语言就没这么讲究，如英语中的"aunt"翻译成现代汉语可以是"姨母、姑母、伯母、叔母"等等。所以各个民族有不同的称呼习惯，在实际运用中，要遵从各民族的习惯。

不同的地域，不同的生活习惯，造成了各种方言，所以还要注意方言间称呼的异同。如在内地用得最广泛、最普通的"同志"称谓，在港澳台同胞中，几乎就没有这个概念。所以与港澳台同胞打交道，不宜用"同志"这一称呼。

二、要注意口语和书面语的区别

口语相对于书面语言而言，显得通俗、随便，更为亲切。现代汉语中，同一个对象，可有口语和书面语两种不同的称呼，如爸爸(口语)、父亲(书面语)。在口语环境中，如果面对称呼对象时，运用书面语中的称呼语就显得生硬、不自然、不亲切。但是，在口语中，书面语中的称呼语可以作为他称用语出现。如"我的祖父""你的母亲"等。

三、要注意语言环境和称呼对象的不同

在日常生活中,对我们比较熟悉的人,我们对其称呼就可随便点,甚至可叫别人小名、绰号,这样显得较亲切、自然,可以增加彼此之间的感情。但在公众场合,尤其是在会场上、课堂上,叫别人的小名、绰号,就会显得不严肃,太放肆,应当以"××同志"或"××同学"相称。对不太熟悉的人,对长辈、领导和老师,也都不宜用"小名"和"绰号",否则,就会显得不尊敬。所以,运用称呼语时,应特别注意语言的环境和称呼对象,灵活使用。在不同的语境中,对不同的称呼对象,应运用适当的符合对方身份、地位及体现与自己恰当关系的称呼语。

培养幽默感

严格来讲,幽默算不上是一种礼仪,但运用好的话,它在人际交往中的作用是非常大的。著名幽默家克瑞格·威尔森曾经说过:"在我的成长过程中,幽默是生活中的七彩阳光,没有它,就没有我五彩缤纷的童年,也没有我充满欢声笑语、幸福无限的家庭。"事实确实如此,幽默感是一个人最具智慧的体现。和有幽默感的人相处,你会感到非常轻松而且愉快。

中国近代的幽默大师林语堂先生就曾经说过:"幽默"对一个民族来说,是生活中非常必要的条件。他认为,德国威廉皇帝就是因为缺乏幽默的能力,才丧失了一个帝国。在公共场所中,威廉二世总是高翘着胡子,好像永远在跟谁生气似的,令人感到可怕。有些伟大的领袖或者政治家,如富兰克林、林肯、罗斯福、丘吉尔等就非常具有幽默感,并且普遍受人爱戴。在英国的绅士淑女阶层,有幽默感被认为是必须具备的素质。

儿童心理专家劳伦斯·沙皮罗认为,和其他情商技能一样,幽默感的发育从婴儿出生的最初几个星期就开始了,因此,父母应该结合这些发展阶

段,抓住机会培养孩子的幽默感。

一、父母可以经常给孩子讲一些幽默故事

在家庭生活中,父母可以经常给孩子讲一些幽默故事,让孩子在不断的熏陶中逐渐培养起幽默感,孩子听多了幽默故事,自然能够模仿、吸收幽默故事中的幽默因子,也会逐渐变得幽默起来。

据说有一位年过半百的贵妇人,她非常喜欢打扮,每天总要花好多时间来打扮自己。但是,由于年纪实在有点大了,再多的打扮也掩盖不住她的实际年龄。有一次,贵妇人遇到了大名鼎鼎的萧伯纳,她兴奋地让萧伯纳猜她的年龄。

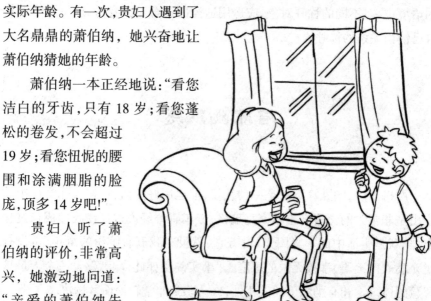

萧伯纳一本正经地说:"看您洁白的牙齿,只有 18 岁;看您蓬松的卷发,不会超过 19 岁;看您忸怩的腰围和涂满胭脂的脸庞,顶多 14 岁吧!"

贵妇人听了萧伯纳的评价,非常高兴,她激动地问道:"亲爱的萧伯纳先生,那么请您精确地估计一下,我到底像几岁?"

萧伯纳说:"几岁吗?那很容易,只要把刚才三个数字加起来就是您的真实岁数了。18 加 19,再加上 14,您应该是 51 岁!"幽默的萧伯纳把周围的人都逗乐了。

有一位母亲把这个故事讲给了 9 岁的孩子听,孩子听完哈哈大笑。有一次,一位漂亮的阿姨到家里来做客。孩子对阿姨说:"阿姨,我看你好年轻呀!"阿姨问:"是吗?怎么个年轻法?"孩子说:"从你的背影看,你好像我的姐

姐;从你微笑的脸庞看,你好像我们班上的女生。"一句话把阿姨给逗乐了。

事实确实如此,孩子听多了幽默故事,自然能够模仿、吸收幽默故事中的幽默因子,也会逐渐变得幽默起来。

值得注意的是,跟孩子说笑话或表演滑稽的动作时,要考虑孩子的年龄。因为大人认为好笑的语言或动作,孩子不见得有同感。但孩子认为好笑的语言或动作,大人要陪孩子一起笑,虽然从大人的角度来看也许不见得好笑。

二、帮助孩子多累积词汇

孩子们需要有丰富的词汇来帮助自己表达幽默的想法。如果词汇贫乏,语言的表达能力太差,那就无法达到幽默的效果。父母可以趁给孩子讲幽默故事的时候,教孩子理解表现幽默的字词、语句,并引导孩子联想是否有其他可以代用的词语,如此,训练孩子思维的敏捷性,以丰富他们的词汇。

三、父母要让孩子懂得幽默的可为与不可为

劳伦斯·沙皮罗强调,幽默有时候被人们用来欺侮和侵犯他人,因此,父母要教孩子区别敌意和非敌意的幽默,培养孩子对幽默的判断能力与正确运用能力。

在引导孩子具有幽默感特质时,父母应注意一些事项:

幽默要友善,不要伤害他人;

幽默要礼貌,不要嘲讽他人;

幽默要仅限于语言,不要有过激的行为。

赞美是人际交往的"润滑剂"

在人际交往中,赞美如果运用得体,就会成为一种密切人与人之间的关系、消除隔阂、增加双方亲近感的奇妙的"润滑剂"。

说一句简单的赞美话,实在不是一件困难的事情,只要你的孩子愿意并留心观察,处处都有值得赞美的地方。适时说出来,会产生意想不到的效果。

法国总统戴高乐 1960 年访问美国时,在一次尼克松为他举行的宴会上,尼克松夫人费了很大的劲布置了一个美观的鲜花展台:在一张马蹄形的桌子中央,鲜艳夺目的热带鲜花衬托着一个精致的喷泉。精明的戴高乐将军一眼就看出这是女主人为了欢迎他而精心设计制作的,不禁脱口称赞道:"女主人为举行一次正式宴会要花很多时间来进行这么漂亮、雅致的计划和布置。"尼克松夫人听了,十分高兴。事后,她说:"大多数来访的大人物要么不加注意,要么不屑为此向女主人道谢,而他总是想到和讲到别人。"在以后的岁月中,不论两国之间发生什么事,尼克松夫人始终对戴高乐将军保持着

非常好的印象。可见,一句简单的赞美的话,会带来多么好的反响。

英国著名首相丘吉尔曾说过一句话:"要人家有怎么样的优点,就怎么赞美他!"这说明赞美具有展现潜能的效果。

所以说,你的孩子要想和别人进行良好的沟通,就必须学会适度的赞美,它绝对是人际沟通中最有效的工具。

那么,怎样让孩子学会赞美别人呢?

一、告诉孩子,赞美别人一定要真诚

赞美绝不是虚伪的胡乱夸赞,也不可以用漫不经心的态度,一定要用认真诚恳的表情来赞美他人。

二、告诉孩子,赞美事实

赞美绝不是阿谀奉承。一定要赞美事情的本身,这样对别人的赞美才可以避免尴尬、混淆或者偏袒的情况发生。比如,当父母带孩子到朋友家做客,朋友准备了美味的饭菜,这时候,父母可以让孩子这么说:"阿姨做的饭真好吃。"而不要只是说:"阿姨,你真好。"

三、可以直接赞美

以具体明确的语言、表情称赞对方的行为。如赞扬同学的作文写得非常好,就可以说:"你的作文写得真好,我要是也有你那么好的文笔就好了。"这样的话语既平等,又真实,充满羡慕,让别人觉得很舒服。

四、也可以间接赞美

教孩子以眼神、动作、姿势来赞美和鼓励别人。一般的人对表情和动作的感觉远远超过对语言的感觉。有一些场合,人的表情尤其是孩子的表情在多数情况下是下意识的,发自内心的,其中所含的虚伪的成分很少,甚至完全没有。

学会倾听

　　真正的绅士与淑女必然懂得倾听的道理。要与人融洽相处,流畅地交流,必须要先学会倾听。倾听他人既是一个听的过程,也是一个学的过程。在倾听他人的过程中,我们可以从他人的言语中学习到一些自己不知道的知识和他人的为人处世的态度与原则。

　　在现实生活中,我们往往会发现许多孩子虽然非常善于表达自己,但是却不会倾听他人,无法与人在交往中体现出真诚,甚至不愿意倾听他人的建议和忠告。事实上,要想将自己的孩子培养成绅士与淑女,每一位父母都应该培养孩子学会倾听的习惯,它将使孩子终生受益。

　　那么,怎样培养孩子学会倾听的好习惯呢?

一、父母要善于倾听孩子的心声

　　在现实生活中,许多父母都没有认真倾听孩子心声的习惯,这也是孩子无法养成倾听他人习惯的原因。倾听孩子的心声不仅是了解孩子心灵的有效途径,也是培养孩子倾听他人的重要方法。

二、教育孩子用心倾听

　　许多孩子在倾听他人讲话时往往心不在焉,或左顾右盼,或处理他事,或摆弄东西,或不时走动,这种方式最易伤人自尊,说话的人往往觉得自己不被尊重,因此不愿再讲,更不愿讲心里话,谈话不仅无法收到好的效果,还会影响到双方的关系。

三、教孩子学会提问

倾听他人时,也要适当地发出提问,以表示你在认真地听对方说话,这也是尊重别人的表现。比如,新同学在做自我介绍时,可以适时地问一句"你们那里是怎么样的？有没有好玩的地方？""你到我们班后有什么想法吗？""你能不能谈谈你来这里后的所见所闻？"这样,对方就可能介绍一些提问者不太了解的事情,这种提问方式无疑是巧妙的。

当然,父母应该教导孩子,在提问的时候尽量避免涉及对方隐私和敏感的话题。

此外,父母应该让孩子明白,懂得倾听并不是说单纯地竖起耳朵听就行了,还要注意礼仪方面的问题。父母要让孩子掌握以下倾听时的礼仪:

1. 要面带微笑,不要显示出不耐烦的样子,要让对方感到轻松自如,而不是拘束。

2. 倾听时不要挑对方的毛病,不要当场提出自己的批判性意见,更不要与对方争论,尽量避免使用否定别人的回答或评论式的回答,如"不可能""我不同意""我可不这样想""我认为不该这样",等等。应该站在对方的立场去倾听,努力理解对方说的每一句话,并可以对他人的话进行重复。

3. 交谈过程中要少讲多听,不随意打断他人的说话。

4. 倾听的过程当中可以适当地运用眼神、表情等非语言传播手段来表示自己在认真倾听。尽可能以柔和的目光注视着对方,并通过点头、微笑等方式及时对对方的谈话做出反应；也可以不时地说"是的""明白了""继续说吧""对"等语言来表示自己在认真倾听。

5．如果对对方谈到的内容比较感兴趣，可以先点点头，然后简单地表明自己的态度，最后再说"请接着说下去""这件事你觉得怎么样？"等，这样会使对方谈兴更浓。

6．如果对对方的谈话不感兴趣，可以委婉地转换话题，比如，"我想我们是不是可以谈一下关于……的问题？"，等等。

拒绝的艺术

喜剧大师卓别林曾说："学会说'不'吧！那你的生活将会美好很多。"

当别人向你的孩子提出要求和帮助时，孩子也许是有口难言，也许是爱莫能助，或者因为对方的要求不合理，或者因为对方求办的事情不可行，从原则上、逻辑上讲都是应该直截了当加以拒绝的。但在社交过程中，这个"不"字又不是那么容易说出口的。因为拒绝不当就容易令对方不快甚至恼恨，所以，懂得点拒绝的口才艺术对孩子来说是很有必要的。

告诉你的孩子，在拒绝别人时要讲究技巧，表达自己的意愿时语气要委婉，同时一定要记住，拒绝是对事不对人的。另外，在拒绝别人之前，可以先听一下别人所提出的要求，不要对方还没有说要让你帮什么忙或是做什么事，你就已经在找借口拒绝，这会让对方误以为你在敷衍他。拒绝时要面带笑容、语气缓和、讲明理由。在拒绝之后，可根据对方的情况再提出建议。

想要让孩子学会拒绝，以下建议可供父母参考：

一、营造民主和谐的家庭氛围

良好的家庭氛围是教孩子学会拒绝的前提。父母要明白，不管孩子有

多大，他都是家庭中的一个成员，是一个独立的人，绝对不能对孩子持独断专行的态度，而是要用商量的口吻向孩子表明自己的态度和想法，也要允许孩子把自己的意见、想法充分地表达出来，允许孩子对父母的想法和做法持否定意见。如果孩子提得对，或在某些方面有一定道理，父母应该尽量接受。这样既可以开发孩子的智慧，又可以培养其独立能力和锻炼其意志。

二、让孩子学会独立

在日常生活中，只要是孩子自己可以做到的事情，就要鼓励孩子自己单独去做。父母没有必要包办代替。只有这样做，孩子才能从日积月累的亲身体验中积累经验、增长才干，才会有能力对父母或他人的行为做出接受与拒绝的判断。

三、把握自己的情绪

父母要帮助孩子正确地把握自己的情绪，明辨是非。父母所要教孩子学会的拒绝是一种经大脑分析思考后的有意识行为，是对人、对事做出的理智判断，它与孩子感情用事、耍脾气，或无端拒绝父母合理的要求是两回事。

四、商量是一种交往技巧

拒绝别人有时候要和对方反复地"磨嘴皮子"，直到对方认可为止。比如亨利不想把遥控飞机给卡特玩,于是就抱着飞机跑,而这种行为的结果可能是两败俱伤。与其这样,还不如找一个理由,对他晓之以理,让他心平气和地接受。孩子的注意力一般会转移得很快,只要这个"岔"打过去,哪还记得以后怎样?以商量的口吻和小朋友对话,既可以巧妙地守住自己心爱的东西,又可以避免一场"暴风雨"。

批评的技巧

一般情况下,无论是谁都不喜欢被人批评,因为这多少会让他们的自尊心不好受,感觉没面子。而对于你的孩子来说,现在的他,也没有能批评人的资本。因此,当你的孩子对别人产生不满时,一定要学会委婉表示出你的"批评",这对于他来说,是一个起码的处世礼仪。

其实,许多时候批评的效果往往并不在于言语的尖刻而在于形式的巧妙,正如一片药加上一层糖衣,不但可以减轻吃药者的痛苦,而且使人很愿意接受。批评也一样,如果我们能在必要的时候给其加上一层"外衣",也同样可以达到"甜口良药也治病"的目的。

不是吗?父母在批评孩子时就常常采取这种原则嘛。

在批评他人时,你的孩子至少得考虑到三件事:

1. 如何使对方能直率接受?

2. 如何激起对方更高的意愿?

3. 怎样才不致伤及对方的自尊?

在批评他人之前若能先考虑到上述几项,便不致使用过于严厉的话语,像翻旧账般地施予对方无情的抨击。

除了上面提到的三点,你的孩子在批评时还应该学会以下一些技巧:

一、通过讨论和诱导批评别人

如果你的孩子直率地指出某一个人不对,不但得不到好的效果,而且还会造成很大的损害,不但伤害了别人自尊,而且使自己成为不受欢迎的人。

二、先引起对方的兴趣

这种指导方式既不致使对方不愉快,还会激起他新的兴趣,充满自信心地改正缺点和错误,这是批评人的一个良好模式。

三、换个方法说

批评同样一个人做的同样一件事,采用的方式不一样,效果自然也就不一样。

四、用提问的办法进行批评

用提问的办法进行批评,适用于善于思考、性格内向、各方面比较成熟的人,这些人一般都有一定的思考接受能力,对自己的过失,多数情况下可以自我醒悟,把批评信息传给他们,他们就会加以注意并随之在思考中认识到自己的错误。

五、渐进式批评

渐进式批评就是逐渐输出批评信息,有层次地进行批评。这样可以使被批评者对批评逐渐适应,逐步接受,不至于一下子"谈崩",或因受批评背上沉重的思想包袱。

六、模糊式批评

某单位为整顿劳动纪律,召开员工大会。会上领导说:"最近一段时间,我们单位的纪律总的是好的，但也有个别同志表现较差，有的迟到早退，也有的上班时间聊天……"这里，用了不少模糊语言："最近一段时间""总的""个别""有的""也有的"等。这样，既照顾了面子，又指出了问题。它没有指名实际上又是指名，并且说话又具有某种弹性。通常这种说法比直接点名批评效果更好。

七、安慰式批评

年轻的莫泊桑向著名作家布耶和福楼拜请教诗歌创作时，两位大师一边听莫泊桑朗读诗作，一边喝香槟酒。布耶听完说："你这首诗，句子虽然疙里疙瘩，像块牛蹄筋；不过我读过更坏的诗。这首诗就像这杯香槟酒，勉强还能吞下。"这个批评虽严厉，但留有余地，给了对方一些安慰。

八、委婉式批评

委婉式批评又叫间接式批评。它一般都采用借彼批此的方法声东击西，让被批评者有一个思考的余地。其特点是含蓄，不伤被批评者的自尊心。

九、请教式批评

有一个人在一处禁捕的水库内网鱼。远处走来一位警察，捕鱼者心想这下糟了。警察走近后，出乎意料，不仅没有大声训斥，反而和气地说："先生，您在此洗网，下游的河水岂不被污染？"这情景令捕鱼者十分感动，连忙诚恳地道歉。若是警察当初责骂他，那效果很可能就不一样了。

开玩笑不能过分

开玩笑不能过分,生活中,由一个玩笑造成的悲剧实在是太多了,皆因玩笑伤害了自尊。

家长应该告诉自己的孩子,开玩笑应有分寸,否则伤害人、得罪人而不自知,那才得不偿失。

当然,不能让孩子因此就拒绝玩笑,整天一本正经。这非常没有必要,因为这样反而会拉远你的孩子和别人之间的距离。

父母需要做的就是让孩子对开玩笑有一定的认识:

再豁达随和的人也有自尊心,他也许可以不在乎一百次一千次的玩笑和嘲弄,但不能忍受他在乎的人或事被开玩笑、嘲弄,你的孩子若搞不清楚他的好恶,开了不得体的玩笑,他就算不发作,也会记在心里。人不可能完全了解另一个人,这点我们必须承认,更何况有人天生敏感,容易受伤,你认为好玩的,他才不认为好玩,也就是说,开玩笑要看人。

来看一则寓言故事:

小乌鸦这几天又不高兴了。因为他和小熊闹矛盾了。于是,他们一连几天都不理对方。小公鸡先找了小乌鸦,问他原因。小乌鸦说:"它骂我是'乌鸦嘴'。"小公鸡又找小熊,问他是不是骂小乌鸦了。小熊也很气愤地说:"他骂我是'熊瞎子'呢!"

原来,他们俩都拿对方的短处开玩笑,结果自然就闹得不开心了。

对于孩子来说,在人际交往中,尤其是在熟悉的同学、伙伴或者朋友之间开开适当的玩笑,互相取乐,不仅可以松弛情绪,还可以创造出一个快乐、愉悦的氛围,有利于大家增进感情。不过,玩笑不要开得过分了,否则会适得其反。比如乱给别人起绰号、取笑他人某种缺点等。因为,当你哈哈大笑时,被伤害的人也许眼里满含着泪水。因开玩笑而翻脸的事情是常常有的,有的还因此断了交情。这样就不好了。

所以说,父母一定要让孩子明白这一点。提醒你的孩子,如果你对别人的敏感话题开玩笑的话,很可能会造成他们的不快。

 以 理 服 人

成长中的绅士和淑女

美国总统威尔逊说过:"假如你握紧两只拳头来找我,我想我可以告诉你,我会把拳头握得更紧;但假如你找我来,说道:'让我们坐下商谈一番,假如我们之间的意见有不同之处,看看原因何在,主要的症结在什么地方?'我们会觉得彼此的意见相去不是十分远。我们的意见不同之点少,相同之点多,并且只须彼此有耐性、诚意和愿望去接近,我们相处并不是十分难的。"

的确,有理走遍天下,无理寸步难行,父母应该告诉孩子这样一个道理:凡事不必强争,有理自然占先。

那么,孩子怎样才能做到以理服人呢?

1. 说理要全面、客观,不能夹杂太多的个人感情或者揪住一点不放。

2. 悉心倾听,先了解别人的看法,再从中找出说服之道。

3. 切忌武断,钻牛角尖。

4. 要顾及对方的自尊心,学会委婉。

5. 用事实说话,可以举出历史或生活中的真实案例。

有一段关于风和太阳的神话。风和太阳争执谁的力量大,风说道:我能证明我的力量大,看,地下正走着一个身披大衣的老者,我能比你更快地使他把大衣脱掉。

于是太阳躲进乌云里,风使出他的威力狂吹,但是风吹得越大,那老者越用手拉紧他的大衣。

最后风筋疲力尽,停止了,太阳从云彩里走出来,开始对着那老者和气地笑。不久那老者便用手拭他前额的汗并将大衣脱去。于是太阳对风说:"仁慈和友善永远比愤怒和暴力更为有力。"

这是个有趣的寓言,但愿也能给你的孩子一些深刻的启示。

 ## 远离恶语和脏话

恶语是指那些肮脏污秽、奚落挖苦、刻薄侮辱的语言。这些语言和现代文明极不相称,必须予以杜绝根除。

在社交活动中,为避免恶语出现,你的孩子应注意以下几点:

1. 从自身做起,避免恶语伤及他人。

2. 临时回避,给对方以冷静思考的机会。有时,在对方脾气一触即发,可能会以恶语伤害自己时,最好回避,使对方找不到发泄对象,并逐步消火。这虽是对对方的一种"妥协",但它可证明自身的修养,也给对方以冷静思考的机会,这对双方都很有利。

3．及时沟通，消除彼此之间的矛盾。对有些人来讲，恶语有时很难避免，这就要分析恶语的原因，最好的办法，是在事情发生或有苗头之后，双方坐下来进行思想交流，以"有则改之，无则加勉"为指导原则，借以消除双方的误解或矛盾，避免恶语的再度出现。

除了恶语之外，在 6～12 岁的孩子身上，父母常会有一个惊人的发现，就是"脏话的魔力"。说它惊人，是根据父母们的感受，你可以想象一下，当你听到自己一向甜美、纯洁的小宝贝口出秽言时，你所表现出的是何等的震惊。

说脏话是一种不文明的行为，是缺乏教育的表现，它直接影响到人与人之间的交往。

父母要想重新洗净孩子的嘴巴，对他带回家的那些脏话不要过度反应是最好的方式。确认一下孩子是否了解自己口中所说的话的真正意思。让他自己解释，在使用那些脏话时他想表达什么意思，而这些脏话是否能正确表达他的意思。

简而言之，将脏话的魔力——模糊的吸引力，从孩子心中除去，让他知道，你很愿意随时和他讨论脏话，或者是好话。

一、问题的预防

1．了解孩子的交友状况。孩子总是会有几个爸妈不太喜欢的朋友，例如爱说脏话的朋友。由于你不可能控制孩子所有的交友状况，因而不如选定几个比较让你担心的对象,规定孩子:如果要和 XXX 玩,就请他到家里来。这样,就能比较深入地了解并掌控他们的互动情况。

2. 订立说脏话的规则。和孩子分享你对语言或词汇的看法很重要。当孩子说脏话,问问他对自己说那句话的感觉:"你说那句话时有什么感觉?有哪些其他的话可以表示同样的感觉?"最后,提醒他在家里说脏话的恶劣效果。确切地让孩子知道,你爱他,可是不喜欢他说脏话。

3. 和孩子讨论如何说话。孩子应该学习在这个社会文化中,哪些用语是被接受的,哪些是带有侮辱性的。因此,当孩子问到某些用语时,详细解释给他听,让他明白为什么某些用语不被接受,如果说了会造成什么后果。

4. 以身作则。父母本身习惯使用适当的言语,孩子听惯了自然而然也会照着用。设计一张表格,将适当和不适当的词语并列。教导孩子分辨、学习不同的词语所代表的意义,若他使用适当的词语就赞美他。

二、可行的方法

1. 弹性疲乏法。若孩子使用无礼的字眼,罚他不停重复同样的字眼五分钟。他很快就会对那个字眼失去兴趣,懒得再说它。如果他拒绝照你的话做,不肯重复五分钟,告诉他,在处罚完成前不准做其他的事情。

2. 赞美。如果孩子在使用脏话时,选择用更恰当的语言表达方式,你一定要记得赞美他的自我控制能力。赞美,会让孩子更有信心使用适当的语言来表达自己的意思。

 ## 杜绝说谎的坏毛病

说谎是一个很坏的毛病,会对我们生活产生巨大的危害,而说谎的毛病一旦形成,便很难改掉。所以,父母有必要引导孩子从小说真话,一步步养成说真话的好习惯。

现实生活中，我们不难发现一个现象：几乎刚会说话的孩子就已经开始撒谎，有时可能更早些。孩子在发展初期，看不出自己言行之间的直接关系，对他们来说，行为远比语言重要得多，而语言都是模糊的，是有多重含义的。

如果孩子一旦有了说谎话的毛病，父母切忌将此视为品行问题，大动肝火。我们应该认识到，孩子的谎言与成人的谎言有本质上的区别。孩子的谎言，大多是把内心想象的事物和现实中的事物混同起来。特别是小朋友在一起时的"吹牛"更是没有边，许多话都是无知的语言，不必介意。比如，"我爸爸带我去动物园见到一个蚂蚁比皮球还大"等。这些都是孩子们的想象。

当孩子慢慢长大后，他们会认识到故意说谎而误导别人是错误的，当他们发现父母、兄弟姐妹或朋友欺骗自己时，会非常愤怒。他们逐渐开始区分谎言的类型和轻重的程度。

著名的哲学家罗素说："孩子不诚实几乎总是恐惧的结果。"孩子说谎并不可怕，可怕的是面对孩子的谎言，父母听之任之，任其发展。当然，父母想要控制孩子的说谎，培养孩子的诚实，也的确是件不容易的事。

那么，应该怎样杜绝孩子说谎呢？父母需要做的是：

一、不要恶语相向

切忌用"那么小就骗人，长大必然学坏""你在说谎""你骗人"这些糟透了的语言,因为这些话很容易使孩子幼小的心灵受到伤害,并因此产生"我是骗子"的想法,进而产生自卑心理。

二、要找到孩子说谎的原因

如果孩子到了能够分辨是非的年龄仍然说谎,父母应找出原因。孩子说谎的原因,许多心理学家都给出了答案。概括起来有如下几种:

1. 说谎有时比说真话更能免受处罚。大多数父母认为,孩子主要是因为不知道撒谎的严重后果才说谎的。事实上,孩子说谎有时是因为说了真话反而受到了惩罚。

2. 出于无奈而撒谎。许多父母可能无法接受这样一个道理,孩子撒谎有时是因为父母逼的。父母应该知道孩子也有沉默的权利。许多成年人在处理一些棘手的两难问题时,经常保持沉默。如果非要逼孩子说出真相,孩子就只能说谎了。鉴于这种情况,可以给孩子一定的缓冲,等大家都心平气和了,再让孩子主动把事情的真相说出来。

3. 为了讨父母欢心而撒谎。著名发展心理学家皮亚杰博士发现,4岁以下的孩子判断自己的言行是否正确的标准,通常是看爸爸妈妈脸上的表情。为了不让爸爸妈妈生气,他们最本能的反应就是不承认自己所做过的错事。

三、父母要以身作则

父母要做到对孩子言而有信,说到做到,起表率作用,千万不要欺骗孩子。并注意对孩子的诚信教育,多给孩子讲一些诚信方面的故事,强调做人要做诚实的人。

四、要让孩子有安全感

孩子之所以说谎很多时候都是因为需要安全感,如果父母能够给孩子安全感,孩子就会诚实起来。

五、不要给孩子施加心理压力

父母对孩子过高的期望,会给孩子增加压力,导致孩子说谎。因此,父母对孩子的期望值要合理,不要希望他们做出超出自身能力的事。父母要以宽容之心对待孩子,经常与孩子倾心交流,减少孩子的心理障碍,做孩子的知心朋友。

总而言之,当孩子说谎时,父母正确的做法是去分析、研究,找出孩子说谎的原因,对症下药,进行善意的引导和教育。在孩子的成长过程中,有一个能保护和培养孩子说真话的父母,孩子就会自然而然地养成说真话的好习惯,长大后也一定会成为一个很正派、很真诚的人,并且会受到人们的欢迎和尊敬。因为一个人只有说真话,相信别人,对生活有信心,才会问心无愧地面对各种事情,也才会得到别人的信任和理解。

成长中的绅士和淑女

第五章

公共场合中的礼仪

在商场和超市

目前,在中国的城市里,商场和超市已经很普遍了,对于父母来说,孩子在这些场合也要讲文明礼貌,尽力成为一位具有高素质的顾客。

当你和你的孩子一起去商场或超市时,需要让你的孩子注意以下几点:

不要让你的孩子随便从货架上拿东西,不要让他们把东西扔得到处都是。

不能允许孩子在公共场合的任性行为,特别是超级市场。请确保孩子不在超市里奔跑、打闹、大声喧哗,也不会在你买单之前急不可待地拆开商品外包装。

当看见商品掉在通道上,不管是什么原因,都要把它捡起来放回原处,这是在为其他的购物者提供方便,也是在为你的孩子树立榜样。

告诉孩子:如果人们在排队等待进试衣间,你就应该耐心等待,因为如果换成他自己,他肯定也不想在试穿衣服时被人催促。进入试衣间后,在试穿前应该先洗手,不要用脏兮兮的手触摸衣服,也不要把衣服随便地丢到搁物架上。在试穿之后,应该把衣服重新挂到衣架上。

当孩子取下货架上的物品,最后又不想买时,父母应该让孩子把物品放回原处,必要时可以帮助孩子。在孩子把货架弄得一团糟以后,千万不能让他弃之不管。

如果你的孩子弄坏了某件物品,他就应该告诉店员。店员可能会原谅他,也可能要求他进行赔偿。不管怎样,这对孩子品质的培养都是有益的。

洗手间的文明

说到洗手间,在许多人看来,肯定是和脏臭联系在一起的,其实也不尽然。在外国,有些洗手间就可以干净得像客厅:镜子亮,地板干净,台面上一尘不染,非常清洁。这其中的区别就在于上洗手间的人是否文明。

父母要想将自己的孩子培养成绅士淑女,就不能逃避洗手间文明这个话题。

父母应该告诉孩子:"在你离开洗手间时,应该让洗手间比你进来时更干净。"至少要做到三点:便后冲水,洗手后用烘干机、毛巾或纸巾弄干双手,用纸巾拭净刚刚用过的洗手盆。

要让孩子在洗手间里讲文明,可以让他按以下三个步骤去做:

第一步:用洗手间时要关上门,并锁上。以免给他人造成麻烦。

第二步:清洁用过的洗手间。用完洗手间,记得一定要先冲水,这是最明白不过的道理了,试问,有谁愿意在进入洗手间时看见脏、闻见臭呢?所以也不要把脏臭留给别人。为了做到这一点,最好多用 30 秒清洁自己用完的洗

手间,那洗手间就再也不会脏臭了。

"来也匆匆,去也冲冲!"这是很多洗手间里都贴的一个标语,但还是有人对此不予接受,一走了之。这个坏习惯一旦形成就很难改过来,所以父母一定从小就提醒孩子避免这一点。

第三步:洗手、处理水渍。上完洗手间后一定要洗手,这不但是因为健康和卫生,也是一种必要的礼仪。此外,在洗完手以后不要一边走路一边甩手,因为很容易弄湿地板,导致地板很容易变脏,还容易让人滑倒,如果洗手间里有烘干机、毛巾或纸巾的话,可以使用它们;如果没有,在洗完手以后,可以让双手在水池上多停留一会儿时间,让水渍流到水池里。

旅游景点礼仪

旅游通常是项身心放松的活动,因此有些孩子觉得离开父母、师长、学校领导的视野,似乎就可以摆脱约束,为所欲为了。实际上,越是在相对自由的情境,孩子越要注意自律,这是考验人品教养的最佳地。

在旅游景点游览时,父母要教育孩子做到以下几点:

一、爱护旅游景点的一砖一瓦、一草一木

山川名胜和历史古迹是不可再生的宝贵的自然和文化遗产,应倍加珍惜。不可攀折花木,不得随意涂写刻画,不要触摸珍贵的文物展品,不能戏弄游览点的动物,在山林中还应注意防火。

二、维护环境整洁

任何游客在旅游观光时,都有维护环境整洁的责任与义务,孩子也不例外,在需要静谧观赏的地方,不要随意大声喧哗、嬉笑打闹,在外野餐之

后,一定要将垃圾收拾干净,集中丢弃在垃圾箱或垃圾点,不可信手丢弃。

三、顾及他人

旅游途中,对待别的游客,你的孩子要以礼相待,主动谦让,不要认为自己还是孩子,就可以理所当然地享受照顾(虽然大人应该这么做)。如走在狭窄的曲径、小桥、山洞时,要主动给长辈让道,不争先抢行。如果不小心冒犯了他人,应及时致歉。如果你和孩子是随团队旅游,一定要让孩子听从导游的安排,应征得导游同意方可离队。在自由游览时不可让孩子玩得忘乎所以而忘了归队时间,让全队人为你的孩子担心。

四、遵守公共秩序

在遇到购票或观看某景点的人较多时,要让孩子自觉排队,不要前拥后挤,制造混乱。

五、注意个人形象,不伤风化

在旅游景点游览时,虽然父母不应该束缚孩子的天性,但也不能过于放纵孩子,尤其是在国外或者少数民族群居的景点,千万不要让孩子触犯其他国家或民族的禁忌。

 ## 在看电影时

很多孩子都喜欢看电影,但却很少有孩子知道在电影院看电影与在家里躺在沙发上看 DVD 的行为准则有什么不同,也很少有父母会教给孩子去电影院看电影应该遵守的礼仪。

美国心理学家分析得出,由于某种原因,在电影院看电影可能会暴露出许多人人性中最糟糕的一面。比如,有些人在影院里大声地吃东西,高声谈笑,甚至交头接耳,类似上述这些行为都十分令人讨厌。

电影院是一个公共场合,你的孩子不应该将其当成自家的"花园",肆意玩耍。

以下是孩子在电影院应该遵守的礼仪:

1. 守时,准时到场。不要让你的孩子在电影开始之后才进入电影院,除非发生不能控制的事情,比如堵车或者忘记了时间。告诉孩子,如果延时入场的话,就不要再对号入座了,而是应该坐在靠近走廊的位子上,以免影响他人观影。

2. 在进入影院之前准备好所有东西。在进入影院之前先去上厕所和买零食。看电影不同于参加宴会,因此要告诉孩子,最好在电影开始之前就吃完手中的食物。

3. 观影时保持安静!在看电影时,你的孩子不能大声喧哗,也不能随便向你提问,更不能大声地妄加评论,如果他看过这部电影,尤其不能说出后面的情节。把要说的话留到电影放映结束之后再说。

4. 在观影过程中,如非必要,最好不要站立起来。

5. 保持环境卫生。看完电影后,把全部垃圾带出电影院。

为了更好地培养孩子在电影院的礼仪,父母可以在家里模拟电影院的气氛放映电影。把灯光调暗、准备爆米花、放好椅子,帮助孩子练习在电影院中如何做到有礼有节。

在看体育比赛时

观看体育比赛,由于观众较多,情景动感十足且瞬息万变,故遵守礼仪对于保障安全、维持秩序尤为重要。

在带孩子一起看体育比赛时,父母需要让孩子注意以下几点:

服饰要干净利落,不可穿着短裤、背心、超短裙、拖鞋。

适当提前入场,主动配合工作人员验票以及必要时的安检。注意爱护公共设施,不蹭踏座椅,不涂写刻画。

进场后对号入座,不吃零食,不随意走动。举行升旗仪式时,观众应面向国旗,肃立行注目礼或唱国歌。

观看比赛时,应热情地为运动员加油喝彩,对客队或自己不喜欢的一方也要有礼貌和风度。当运动员发挥失常时,要控制情绪,不能向运动员怪叫、讥笑、喝倒彩、扔东西,也不能辱骂裁判员、教练员,不做有损国格、人格之事。拍照不能使用闪光灯。

不轻易中途退场。比赛结束时,应向双方

运动员鼓掌致意。退场要有秩序,尽量礼让老弱妇孺。

注意赛场卫生,不要乱扔饮料盒、纸屑杂物,尤其要将为运动员加油的小国旗带走。

 怎 样 鼓 掌

掌声对表演者来说,是最大的鼓励和肯定。那么,该如何鼓掌才是正确的呢?

父母要告诉孩子,不要做第一个和最后一个鼓掌的人,这样容易闹笑话;不要在不恰当的时候鼓掌,这样会分散表演者和其他观众的注意力;鼓掌时不要随便站立起来,除非所有的观众都有一致的动作;鼓掌时不要大声喊喝,除非你的孩子在看京剧,而他又是一个票友。

男孩子在鼓掌时应该两只手掌一起用劲,声音坚定、清脆(观看运动比赛时是个例外,此时他们可以在鼓掌时把两手握成杯状)。女孩子则应该用一只手的手指去拍打另一只手的手心,柔和的掌声是一位淑女文雅举止的标志。

那么，每次鼓掌应该持续多长时间？这要视情况而定。如果表演正在进行中，鼓掌应该尽量简短；如果一个段落结束或者完全结束，而且演出得精彩，就可以尽情鼓掌，不必考虑时间的长短。如果演出非常精彩，你的孩子可以和其他观众一样起立鼓掌，给予表演者最热情的掌声——这也是给予表演者的最高荣誉。

 # 在博物馆和美术馆

博物馆和美术馆是知识和艺术的殿堂，孩子前去参观可以增长知识和提高艺术修养，但父母要让孩子明确一点，博物馆和美术馆也是讲究礼仪的高雅场所，因而在这种场所更要讲礼仪。

孩子在进博物馆和美术馆后，要将外套、帽子及参观携带的杂物存放在衣帽间。不要戴着帽子或食品杂物进入展览厅，在博物馆和美术馆里，一边参观一边吃零食是最不文明的举止。要吃零食、喝饮料可到休息室去。

博物馆和美术馆内需要保持安静的环境和良好的气氛，因此，你的孩子应该专心倾听讲解员的解说，遇到有不懂的地方或问题，可向他（她）请教，当然也不要问个没完没了，惹他人生厌。参观时，你的孩子最好不要对展品妄加评论。如果他很欣赏某件作品，告诉他，在不妨碍他人的情况下可以多观赏一会儿；如果别人停住欣赏某件展品，而你的孩子不得不从他前面越过时，一定要说声"对不起"。

在参观过程中要爱护展品，不要随便用手抚摸，以免损坏展品；注意不要让孩子不小心碰坏展品或展厅内的设施。博物馆和美术馆为了保护展品及维护自身的权益，一般都禁止参观者摄影和照相的，也禁止使用闪光灯。因此参观时要注意遵守有关规定。

电梯里的礼仪

父母要告诉孩子,在乘坐电梯时,如果有很多人在等候,不可挤在门口,要留出空间让电梯内的人出来,之后方可有序进入。当然,也不必过分客气谦让,以免耽搁大家时间。

操作按键是晚辈的工作,如果你的孩子力所能及,而又恰好站在靠近按键的地方,就应该为大家服务。即使电梯中的人都互不认识,站在开关处者,你的孩子也应做开关按钮的服务工作,并等待即将到达者。

电梯内不可高声谈话,严禁抽烟,不能乱丢垃圾,不对镜整装。

进入电梯后,朝门站立,避免造成面对面的尴尬。

在电梯里,乘客应尽量站成"凹"字型,留出空间,以便让后进入者有地方可站。

如果前往较高层,那就不要让孩子站在近门处,这样做,一方面是出于安全因素;一方面,也可以避免影响别人进出。

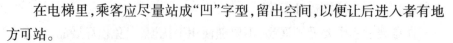

排队时的礼仪

人多就要排队，在有人群的地方就应该讲秩序，这样这个社会才会公平、公正，人与人才能和谐。

其实排不排队，如何排队，看似小事，但它却从一个侧面反映出一个国家一个民族的发展状况、价值观念、道德水准、风俗文化，等等。以前，中国很穷，物资匮乏，干什么都需要争抢，导致了大家的浮躁和争夺的心理，一直延续到现在，使争抢成了一群人的心态和习惯。在商场、在餐厅、在火车站、在任何地方，只要是需要互相谦让的地方，你很难看到秩序井然的排队场面，即使有人管理的地方，也会因为几个害群之马，让好不容易维持起来的队形瞬间溃散，甚至导致打架、吵架……

我们再来看看国外的人是如何对待排队的，在英国，曾经发生过这样一件事情：大概在两百多年前，当时英国闹饥荒，大家排队去领面包，一个人因为要插队，排队的人一怒之下把他打死

了。后来法庭在审理这个案件的时候，法官判定打死人的那些人无罪。法官的理由是，如果判定打死人的人有罪，那么，就会助长社会上不排队的不良风气。因为有了这个判例，所以英美法国家所有的人都知道要排队，不然被

人打死了也白死。英国人移民到加拿大以后也都知道，即使发生饥荒也不能去乱插队。所有的父母在自己的孩子很小的时候，就告知他们乱插队的危险性。

作为父母，要想将孩子培养成绅士淑女，就应该特别重视从小教育培养孩子，帮助孩子树立良好的规则意识，学会等待，学会谦让，学会尊重规则和秩序，这是每一位父母应尽的责任！

 # 在公共汽车上

公共汽车内空间狭小，人多嘈杂，在这样的环境内，乘客的礼仪就显得十分重要。

父母应该让你的孩子做到以下几点：

一、上下车要有序

要遵循前门上、后门下的规矩，或等下车的乘客下车完毕后，自觉排队有序上车，不可争先恐后。下车时应提前做好准备，礼貌地请其他乘客让路，以便靠近车门，不要到站了，再猛力向外挤。不下车的乘客也要主动让道，使车厢内尽快疏通。

二、自觉购票

上车前要事先准备好零钱，要自觉投币或购票，为了省一点点的车钱而逃票，有失人格。

三、要懂礼貌

在车上遇到老、弱、病、残、孕的乘客，应主动让座，切不可与其抢占座位。不慎碰撞他人应致歉，另一方也应谅解，切忌出言不逊。

四、注意保持车厢卫生

不要在公共汽车上吃带壳的食物，不得随手把果壳、果核、食物包装袋等往地上或窗外丢，更不可向车窗外吐痰，这是十分失礼的举动。

五、举止要文雅、端庄

不可赤膊上阵，避免妨碍他人。不要跷二郎腿，特别是坐在靠通道的位子上，脚不可伸得太长或跷得太高，以免影响他人通行或弄脏别人的衣裤。

 赴宴礼仪

无论参加何种宴请，你的孩子均应注意以下几点礼仪：

1. 必须把自己打扮得整齐大方，这是对自己和别人的尊重。

2. 要按主人邀请的时间准时赴宴。一般宴会都请客人提前半小时到达。有些请帖写明客人到达和宴会开始的时间，例如"六时到达，六时三十分宴会开始"，这种情况下更应按时到达。如因故在宴会开始前八分钟或十分钟到达，不算失礼，但迟到则非常失礼，表示你对主人不够尊敬。

3. 当你走入主人家或宴会厅时，应首先跟主人打招呼。同时，对其他客人，不管相识与否，都要微笑点头示意或握手问好；对长者要主动起立，让座问安；对女宾举止庄重，彬彬有礼。这一切都要自然真切，落落大方，使赴宴者对你有"互不见外，情同一家"之感。

4．入席时，自己的座位应听从主人或招待人员的指派，因为有的宴会，主人可能已早做安排。如座位未定，应注意正对门口的座位是上座，背对门的座位是下座，你应让身份高者、年长者、女士先入座，自己再找适当的座位坐下。

5．入座后坐姿端正，脚踏在本人座位下，不可任意伸直，不要两腿摇晃，手肘不得靠桌沿，或将手放在邻座椅背上。入座后，可与同席客人交谈，不可旁若无人，也不可眼睛直盯盘中菜肴，显出迫不及待的样子。

6．用餐一般是在主人示意开始后方可进行。用餐时应该着正装，不要脱外衣，更不可中途脱外衣。就餐的动作应文雅，夹菜时动作要轻。送食物入口时，须小口进食，两肘应向内靠，不宜向两旁张开，碰及邻座。吃饭、喝饮料、喝汤，都不能发出声响，这会影响同席人的情绪，是粗俗的表现。如汤太热，可将汤盛入碗内，用汤匙慢慢地搅一搅，等稍凉后，再一口口喝，切忌对着汤吹气，这样既不卫生，又不雅观。用餐时，如欲取用摆在同桌其他客人面前之调味品，应请邻座客人帮忙传递，不可伸手横越，长驱取物。如在用餐时需剔牙，应用牙签，并以手或手帕遮掩，切忌用手指掏牙。

7．宴会未结束，而自己已经用完餐后，不可随意离席，要等主人和主宾餐毕先起身离席，其他客人方可依次序离席。离席时，应主动将桌上的餐具适当整理，免得身后杯盘狼藉，有失雅观。身份低者、年轻者要主动帮助照应行动不便的成年长者。

吃自助餐的礼仪

自助餐是一种由宾客自行挑选、拿取或自烹自食的一种就餐形式。这种就餐形式可以免去宾客点菜的麻烦，不受约束地挑选自己喜欢的食物，并且不用顾及别人的口味，打破了传统的就餐形式，被越来越多的人所接受。

很多孩子也都喜欢这种无拘无束、自己动手的就餐方式。不过父母需要注意，在你的孩子悠闲地享受丰盛的自助餐时，可千万别忘了该有的就餐礼仪。

一、排队取菜

用餐者需自觉维护公共秩序，讲究先来后到，排队选用食物。取菜前先准备好一只食盘，轮到自己取菜时应用公用的餐具将食物放入自己的食盘之内，接着应该迅速离去。不要在繁多的食物前犹豫不决，让身后的人久等，更不应该挑挑拣拣，甚至直接用手或自己的餐具取菜。

二、循序取菜

取菜也是有先后顺序的，依次应当为：冷菜、汤、热菜、点心、甜品和水果。所以在取菜前，最好先在全场转上一圈，了解下情况，然后再开始有选择地取菜。

三、量力而行

在享用自助餐时，多吃是允许的，而浪费食物则绝对不允许。因此在自助餐上要遵守"多次少取"原则。"多次"，是"多次取菜量力而行"的意思。"少取"，是"一次取菜的量自己控制，避免浪费食物"的意思。另外，要注意的是，在取菜时，最好每次只为自己选一种。不要在取菜时乱装一气，将各种菜肴盛在一起，导致五味杂陈，互相串味。

四、避免外带，送回餐具

所有的自助餐，都有一条不成文的规定，即自助餐只许可就餐者在用餐现场自行享用，而绝对不许可对方在用餐完毕之后携带回家。在自助餐上，既然强调的是用餐者以自助为主,那用餐者就应该善始善终,在用餐结束后将餐具送到指定之处。

五、考虑到他人

对自己的同伴和熟人,是需要关心的。如果对方不熟悉自助餐,可以扼要地进行介绍。在对方乐意的前提下, 还可以向其具体提出一些选取菜肴的建议。但是,不可以为对方直接代取食物,更不能将自己不喜欢的食物或吃不了的食物"处理"给对方。那样都是很失礼的。

在用餐过程中,对于其他不相识的用餐者,应当以礼相待,主动加以谦让,不能目中无人,蛮横无理。

 ## 戒除公共场合的坏习惯

要想把孩子培养成绅士淑女,父母就得在细节上下功夫。对于孩子的一些坏习惯,尤其是在公共场合的坏习惯,无论大小,一定要使其戒除。因为这些坏习惯可能微不足道,但就像那遮不住明月的乌云一样,能在相当程度上遮蔽了他们原有的美丽与皎洁的光辉。要培养合格的绅士与淑女,就必须让孩子除掉这些毛病。

下列的坏习惯,父母一定要让孩子想办法戒除:

1. 打哈欠
2. 掏耳和挖鼻
3. 剔牙
4. 搔头皮
5. 双腿抖动
6. 放屁

7. 拉链和鞋带松着

8. 长指甲和污垢

9. 不要以"喂"来喊人

10. 频频看手表

11. 打听别人的私事

第六章

绅士淑女，品格第一

守时是最大的礼貌

有一个女生,外表看上去非常讨人喜欢。她的脸型,配上她苗条的身材,显得特别清新飘逸,她的一双美腿走起路来轻盈极了。她喜欢穿淡雅服装,特别喜欢穿轻纱罩着的裙子。她的谈吐也非常斯文,亲切的话语交织着清甜的笑声,跟她在一起,令人神清气爽。像这样的一位小姐,怎么会令人不愉快呢?

然而,她有一个很令人头痛的坏习惯:不守时间。

许多次,朋友们在车站等她一起去旅游,大家都到了。而她左等也不来,右等也不来,有的人坚持要等她,有的人老早就不耐烦了。

终于,她来了,仍然那么轻盈,那么潇洒,那么清新飘逸,同时又那么清甜,那么愉快,那么悠然自在若无其事,在别人的埋怨声中,她竟连一句道歉的话也不说。

我们不知道她的心里是怎么想的,不过,渐渐的她就被摒除在社交生活之外了。因为人们越来越对她反感,觉得她每次都浪费别人这么多时间,实在是一种不可饶恕的行为。

不守时的习惯,对于真正的绅士淑女来说,是不可宽恕的坏习惯。

父母应该从小就培养孩子守时的好习惯。如果你的孩子要参加一个同学聚会,他就应当准时赴约,不可姗姗来迟,否则让那么多同学等,是对大家的不尊重。

德国哲学家康德这样说过:"无论对老朋友,还是对陌生人,守时就是最大的礼貌。"康德不仅是这样说的,也是这样做的。

一次,康德去赴一个朋友的约会,但是在半途中却被一条河阻挡了去路,而这条河上唯一的木桥已经断裂,如果绕路的话就肯定会迟到。为了准时赴约,康德竟买下了附近一个农户的破房子,让房子的主人将拆下来的木料搬到河边,以此来搭起一座桥,并答应事后付给他们 200 马克。

就这样,在房子主人的帮助下,康德准时赶到了朋友的家。后来,他的朋友无意中听说了这件事情,很感慨地给康德写了一封信。信中说到:"您真是太有绅士风度了,还是这样一如既往地守时啊!"

那么,父母应该怎样培养孩子守时的好习惯呢?下面几个小建议可以一用:

1. 让孩子认识到时间的价值,不浪费自己和别人的时间。

2. 和别人约定了时间见面或者做别的事情,一定要尽力做到守时。

3. 如果因为不可抗拒的意外而不能做到守时,一定要向别人真诚地道歉,如果因此造成了别人的损失,要做出合理的补偿。

讲诚信,人无信则不立

孔子说过,言而无信,不知其可。自古以来,讲诚信就是人类最优秀的品质之一。每个人都不可避免地要与别人打交道,而讲诚信是与人交往合作的首要原则。

诚信是一种美德,更是一种可贵的品质。对于孩子来说,从小就养成诚实守信的好习惯,是健康成长的根本所在,是将来取得成功的坚实基础。

不论在生活上或是学习上,你的信用越好,就越能成功地打开局面,做好事情,同时也能更好地处理与他人的关系。父母应该让孩子知道,生活总是照顾那些诚实守信的人,食言而肥则是最令人讨厌的行为,这样的行为无法取信于人,更别提赢得他人尊重或管理他人了。

那么,父母该如何培养孩子讲诚信的优秀品质呢?

1. 以身作则,给孩子树立诚信的榜样。

2．对孩子进行诚信品质的教育。教导孩子讲信用，守诺言，在做错事以后，要敢于承认和承担责任；给孩子讲一些关于诚信的故事。

3．满足孩子的合理需要。孩子不诚信的行为大部分是出于某种需要，如果父母对这种合理需要过分抑制，孩子就会换种方式，以某种不诚信的行为来满足自己的需要。

4．决不姑息孩子不诚信的行为。如果孩子出现了言行不一致的行为，父母一定要及时指出来，严肃地向孩子讲明道理，并督促孩子认真履行自己的承诺。

5．不要随意怀疑孩子。我们经常会看到这样的父母：他们要求孩子吃完饭在房间里学习半小时，结果却每隔五分钟进去看一下孩子是否在偷懒；他们要求孩子去买件东西，也总担心孩子把多余的钱买零食吃。父母们的这些行为，往往导致孩子用撒谎来对抗，而父母们却认为自己的怀疑是有根据的，这就更加滋长了孩子的撒谎心理。

6．父母要敢于承认错误。在现实生活中，许多父母都有可能不自觉地对孩子讲了一些不诚实的话，或者讲过的话没有兑现。这时候，父母一定要放下架子，以平等的身份向孩子承认错误，这样反而会赢得孩子的信任。

7．教育孩子明白"讲诚信"与"讲策略"的关系。在教育孩子们诚实、不撒谎的同时，也应教育他们明白"讲诚信"与"讲策略"的关系。使他们懂得，有时候"善意的谎言"同样是很有必要的。

8．当孩子学会许诺的时候，要提醒孩子诺言的责任，许诺前要三思，并且及时提醒孩子兑现诺言。

9. 发现孩子信守诺言,父母要及时表扬。

10. 父母要注意避免"逼"孩子许下不可能兑现的诺言。这种行为对孩子的心理健康很不利。一方面他学会了使用大而空的诺言取悦别人,另一方面他许下这种不能或很难兑现的诺言,有损诺言在孩子心中的威严和重要性。

勇敢,勇者无惧

一个人死后来到地狱之门,撒旦问他:"你最害怕的是什么?"他回答:"我什么也不怕。"

"那么,"撒旦说,"你一定走错地方了,我们只接受那些被恐惧所缚的人。"

的确,勇敢地面对一切,那就没有什么东西能令我们感到害怕。对于孩子来说,能勇敢地面对任何事情,也是一种不可或缺的优秀品质。

怎么培养孩子勇敢的品质呢?对于父母来说,只有大胆放手让孩子去做事,让孩子在生活中接受锻炼,才会使孩子成为一个富有勇敢精神的人。

很多孩子之所以缺少勇敢精神,一个很重要的原因,就是父母对孩子过于溺爱。"初生牛犊不怕虎",孩子很小的时候是不知道害怕的,但是由于很多父母对孩子过于关注,担心孩子受委屈、受伤害,当孩子面临小小的困难或考验时,马上就把孩子置于"保护伞"下,剥夺了孩子锻炼勇敢品质的机会。如此以往就造成孩子胆小怕事的个性,以致长大后都很难纠正。

要培养孩子勇敢的优秀的品格,父母可以从以下几点做起:

一、保护并教孩子维持自尊

有些孩子胆子很小，父母要采用循序渐进的方法对孩子进行勇气的培养。鼓励孩子从身边的小事开始，让孩子不要有"怕"的概念。在培养的过程中，不要说伤害孩子自尊心的话，如"人家多优秀，就你不行""你就是没用，就是个胆小鬼"等。

孩子存在能力缺陷时，父母要耐心地加以训练和培养。如孩子本来说话表达不清，母亲可以和孩子一起每天坚持表达训练。父母应注意孩子的闪光点，对他的优点经常鼓励，使孩子从中获得尊严。当孩子面对新的环境时，父母要教给孩子适应新环境的方法，并教孩子勇敢地面对。

父母一定要学会欣赏孩子，让孩子感受到爱，应该告诉孩子他们的每一点成功父母都是非常欣赏和欢喜的，如孩子懂得体贴大人，知道关心他人等，父母都要有反应，要表扬他们、鼓励他们继续。这样孩子就会觉得父母永远都在关注他，支持他，就更有信心和勇气去克服困难。

二、让孩子学会自己生活

让孩子做一些力所能及的事，如买东西、擦桌子、端盘子等。让孩子通过这些活动逐渐认识自己的能力，也可以通过这些活动让孩子有锻炼的机会，让胆小的孩子慢慢地变成勇敢的孩子。

著名文学家朱自清说："要让孩子在正路上闯，不能老让他们像小鸡似的在老母鸡的翅膀底下，那是一辈子没出息的。"

父母的包办代替是孩子形成软弱性格的重要原因之一。一些父母对孩子百依百顺，不让孩子做任何事情，舒适、平静、安稳的生活，剥夺了孩子自我表现的机会，衣来伸手、饭来张口的生活方式，导致了孩子独立生活能力的萎缩。

一位中学生说："我一直相信妈妈是非常爱我的，她希望用自己的肩膀为我挡住所有的风雨，安排好每一步路。可是，在她每天为我忙忙碌碌的时候，她不知道，我所有的勇气和自信都丢失在这份特殊的关爱里了。"

可见，要培养孩子成为强者，父母首先要鼓励孩子做力所能及的事情，让孩子学会自己生活，把握自己。

善于独立生活的孩子是坚强的，在生活中，他会表现出勇敢的一面，在面对挫折和困难时，他会用自己的能力去处理这些问题，不会无所适从。因此，父母要让孩子学会自己生活，让他自己去面对问题。譬如：夜间让孩子独立上厕所，自己到牛奶站取牛奶等。经过这些锻炼，以后当父母暂时离开时，稍大一些的孩子就能够自己待着而不害怕，当发生意外情况时，也能够不惊慌、不哭泣。这些看起来是小事，但是对培养孩子坚强、勇敢的品质很有益处。

父母还应鼓励孩子多参加学校各项活动，如体育竞赛、文艺演出、演讲比赛、夏令营、冬令营等，这些活动都可以锻炼孩子的胆量和勇气。有条件的还可以经常带孩子去登山，去海边游泳，去森林探险等。

三、不要把孩子当成弱者

在公共汽车上，有人给一个 5 岁的小女孩让座。孩子的妈妈却对让座的人说："让她站着吧，她已经到了该自己站立的年龄了！"

想让孩子勇敢，就千万不要把孩子当成弱者来看待。只有让孩子自己去站立，他的双腿才会坚强，他的意志才会坚强。

著名科学家居里夫人很注意培养孩子的坚强性格。在第一次世界大战期间，居里夫人把大女儿带到战争前线救护伤员，让她在艰苦的环境中锻炼。1918 年，居里夫人又要两个女儿留在正遭到德军炮击的巴黎，并告诉孩子，在轰炸的时候不要躲到地窖里去发抖。这种把孩子当成强者的态度让居里夫人的孩子们成为了坚强勇敢的人。

四、教孩子凡事再坚持一下

要看到日出，就要坚持到拂晓；要得到成功，就要坚持到最后。成功，往往不在于力量的大小，而在于能坚持多久。正如丘吉尔所说："成功的秘诀就是：坚持，坚持，再坚持！"世界上的许多成功，往往都产生于再坚持一下的努力之中。

露西因为上课时没认真听讲，结果老师布置的家庭作业一个也不会做。她急得直掉眼泪，想叫爸爸妈妈帮忙，可他们却说："我们相信你只要再坚持自己算算看，答案就会出来了。"父母看出题目并不难，而且露西自己试着演算的方法步骤也对，只要她坚持到把答案算出来，问题就可以解决了，而且她通过自己的努力弄懂的题目和方法是不会忘记的，对她自己有利。但露西却因为觉得她将要算出的答案是错误的，所以失去了继续做下去的勇气，认为自己是不会做好那些题的。在爸爸的鼓励下，露西真的算出了答案，她终于松了口气，而且明白：以后遇事一定要坚持！而且，上课也一定要坚持认真听讲才行。

五、给孩子一些劣性刺激

劣性刺激是指一些令人不舒服或不愉快的外界刺激，这些刺激对孩子来说是必要和有益的。这些刺激主要有：

1. 困难

美国一些儿童专家指出，有条件的父母应该为孩子有意识地设置一些困难，常给孩子制造一些经过努力可以克服的困难。当然，在这当中，父母需要教给孩子克服困难的勇气，也要教给孩子克服困难的办法。

2. 饥饿

饥饿是一种挑战生理极限的刺激，如今生活条件好了，很多孩子吃饭挑食，或抱怨这、抱怨那，这时候，父母可以偶尔让孩子尝一下饥饿的滋味，让孩子在饥饿的刺激下学会控制自己的偏好。

3. 吃苦

大部分孩子在面对从未做过的事或困难的时候总是显示出娇弱的一面，父母不妨有意识地锻炼孩子，比如多让孩子参加一些野营活动，让孩子在艰难的条件下吃点苦头，这样有利于培养孩子具有坚强的意志。

4. 批评

许多孩子的心理非常脆弱，根本无法接受别人的指责和反面评价。美

成长
中的绅士和淑女

国阿拉斯加州的埃丽希·弗说："没有规矩,不成方圆。因此,必须明确规定一些孩子不应做的事情,比如,打人、骂人、偷东西等,这些都是绝对不允许做的。如果孩子做了,就要接受批评、惩罚,有时还要严厉一些,这样对孩子的身心健康成长是有益的。"

5．惩罚

对于孩子犯的较大的错误,父母应该给予适度的惩罚,这种惩罚可以是物质上的,也可以是精神上的。比如,让孩子面壁思过,不允许孩子买他想买的玩具等。

6．忽视

父母总是一味以孩子为中心,无论是在哪种环境下,孩子们似乎永远是主角。那么,如果环境发生变化,孩子不能再当主角了,不被重视了,他的心理就会失去平衡,他就可能承受不了这种角色的转变。因此,父母在生活中不要把孩子作为重心,有时候可以适当忽视孩子,并且教导孩子要适时地调整自己的心态,从而帮助孩子在与他人的交往中保持良好的心态。

 告诉孩子,你能行

自信,是人生最宝贵的财富,自信也是每个人成功的基础,世界上大多数成功的人物都具有很强的自信心。假如在遇到困难时,我们一味地退缩躲避,那么成功就会离我们越来越遥远。

小泽征二是世界著名的音乐指挥家,一次,他去欧洲参加音乐大赛,决赛时,他被安排在最后,评委交给他一张乐谱,小泽征二稍做准备便全神贯注地指挥起来。突然,他发现乐曲中出现了一点不和谐的音符,开始他以为是自己演奏错了，就命令乐队停下来重奏，但仍觉得不自然，他感到乐谱确实有问题。可是，在场的作曲家和评委会权威人士都声明乐谱不会有问题，是他的错觉。面对几百名国际音乐界权威，小泽征二不免对自己的判断产生了动摇。但是，他再三考虑后，坚信自己的判断是正确的，于是他大声说："不！一定是乐谱错了！"他的声音刚落，评判席上那些评委们立即站立起来，向他报以热烈的掌声，祝贺他大赛夺魁。

原来这是评委们精心设计的一道试题，以试探指挥家们在发现错误而权威人士不承认的情况下，是否能够坚持自己的判断，因为，只有具备这种素质的指挥家，才真正称得上是世界一流的音乐指挥家。在所有的参赛选手中，只有小泽征二相信自己而不附和权威们的意见，从而获得了这次世界音乐指挥家大赛的桂冠。

法国教育家卢梭曾经说过："自信心对于事业简直是一种奇迹，有了它，你的才干便可以取之不尽，用之不竭；一个没有自信的人，无论他有多大的才能，也不会抓住一个机会。"

美国的心理学家曾对150名很有成就的人的性格进行过研究，发现他们都具有三种优秀的品质：一是性格上具有坚韧性；二是善于为实现自己的目标不断进行成果的积累；三是很自信，不自卑。

我国历史上最伟大的李白说过："天生我材必有用。"的确，每个人都有自己的优势所在，每个人都有尚未被挖掘出来的潜力和特质。孩子同样也不例外，只要你的孩子能用尊重自己的态度去努力发掘和发挥这些潜能，

他就一定能成为一个优秀的人才。

自信的关键在于"自",孩子自信心的建立关键在于他自己的努力,如果自己总认为自己不行,自己不给自己打气,那么无论其他人怎样努力,也难以建立真正的自信。

但是,这并不代表我们做父母的对此就无能为力,只能眼睁睁地看着。有一位母亲在看了李开复博士的《给中国家长的一封信》后对李博士说:"我在教育自己的一对子女时,使用的方法非常不好:考试成绩差了,我会给他们一顿打骂,成绩好了,我就说,某某家的孩子比你们考得更好,直到今天我才明白他们之所以总是在人生的道路上遭遇挫折,主要是因为我的教育方式早已形成了一个阻碍他们进步的天花板——他们肯定会想,如果母亲都认为我是个笨蛋,我还有什么理由继续努力,现在我终于懂得,你信中说的:'在批评中长大的孩子最容易自卑,在嘲笑中长大的孩子最容易怯弱,在鼓励中长大的孩子最有自信,在称赞中长大的孩子最懂得宽容……'"

谦虚谨慎,戒骄戒躁

"谦虚使人进步,骄傲使人落后",父母应该让孩子明白这样一个道理:妄自尊大,目中无人,会让与你接触的人头痛不已,很难给别人一个好印象,从此你所能交得的新朋友,将远没有你所失去的老朋友那样多,直到众叛亲离的绝境。试想到了那时,你做人还有什么趣味?你行事还有什么伟大的成就?你的名誉还能靠谁来传扬呢?

作为父母,你应该耐心地教导孩子,让孩子学会正确地评价自己。既要认识到自己的优点,又要看到自己的不足。此外,父母还需要规范孩子的行为,督促他们改正骄傲自大的坏毛病。告诉孩子,在交友中应该怎样做和不应该怎样做,并加以训练和指导,使其养成良好的行为习惯,多发现其他人的优点、长处,虚心向其他人学习。这样,他才会受到大家的欢迎。

父母要通过给孩子讲一些具体的事例，来让孩子知道"人外有人，天外有天"的道理，让孩子知道世界上总是会有比自己更优秀的人存在，切不可因为取得一点点成绩就沾沾自喜，盲目自傲。告诉孩子人各有长短，即使是最卑微、最弱小的人，也有其他人所不及的地方，同样，再强大的人也都有他自己的弱点。不可用自己的长处去与他人的短处比较。

父母还应该减少孩子的物质优越感。过于优越的环境会让孩子产生一种高高在上的心理感觉，从而会看不起一些条件普通的同伴。尽量不要给孩子过多的物质奖励，要防止孩子获得过多的物质奖励而产生畸形的满足感，从而削弱进取意识。父母要让孩子明白，好条件是父母、长辈和社会一起创造的，他其实和其他同学一样，没有什么特别的地方。

教会孩子要谦虚，不骄不躁，我们给父母们的建议是：

一、适时准确地表扬

父母对孩子的优点和成绩过分的夸耀，往往使孩子头脑发胀，容易造成孩子骄傲自大的性格。所以，父母平时准确适度的评价尤为重要。

二、虚心向他人学习

加强训练指导，克服孩子骄傲自满的心理，通过讲道理开阔思路是很

重要的,使成绩好的孩子知道"天外有天"。

三、以身作则

父母用自身的胸怀坦荡、谦逊好学、严格自律、奋斗不息的形象感染孩子。

四、和老师密切配合,保持方法一致

同老师密切配合,一旦发现孩子的错误,要给孩子创造改正错误的机会,要在生活中发现孩子的闪光点,不断肯定他们的点滴进步,及时纠正他们骄傲自满的情绪,使孩子健康成长。

 自律自控,提高自制力

缺少自制力的人,很容易受到各种各样主客观原因的干扰,很难在某一方面做出杰出的成绩,很难实现自己的目标。父母要想孩子将来有所作为,有所成就,就必须从小培养孩子自制力,让孩子知道,要有所为,也要有所不为。

孩子的自制力很大程度上是通过教育而获得发展的。人在刚出生的时候是完全没有自我控制和自我调节能力的,这时,儿童几乎完全受冲动和欲望的影响,很难长时间做一件事情,不能控制自己的欲望和情感,3~4岁后,才逐渐发展起自律的能力。所以父母在孩子2岁左右就应该对其进行自控能力的培养。

自律自控能力往往表现在能够控制自己、支配自己并自觉地调节自己的行为等方面,它既善于促使自己去完成应当完成的任务,又善于抑制自己不良的行为。由此可见,培养孩子的自律自控能力是非常重要的,而且对

孩子的成长是非常有利的。

如何培养孩子的自制能力,专家们给了如下几点建议:

一、要注意从小培养并及时督促孩子的自律自控能力

从孩子能理解大人的话时开始,父母就应帮助孩子逐步学会正确评价和判别自己行为的适宜度。即让孩子知道,什么是应该做的,什么是不该做的。一般来说,孩子较小时,自制力的培养主要是生活习惯的问题,如按时睡觉,按时起床,按时吃饭,按时上学,按时做练习等。开始时可能会有些困难,但时间长了,孩子就会在父母的督促下,学会控制自己,约束自己,并养成习惯。

二、父母可以适当地制定一些行为规则

如为孩子制定一些卫生、劳动、学习等行为规则,并利用规则来约束孩子的行为,这样做会收到良好的效果。必须注意的是这种行为规则不能过度或过于详细,否则会损害孩子的独立性。

三、父母要有意识地和孩子多谈游戏规则、交通规则等

孩子小的时候,父母可从孩子日常生活中不可避免的各种准则出发,告诉孩子要遵纪守法。孩子大些后,要给孩子讲人生,讲社会,讲国家大事,让孩子有爱国心,学会道德规则,懂得法律法规。比方说不能随地吐痰,不要私拆他人信件,不闯红灯等。

四、让孩子掌握控制自己行为的技能

父母让孩子明白了自律的道理,可是孩子有时还是控制不住自己,这种现象是因为缺少实施技术。比如,孩子总是控制不住自己的情绪,易冲动,这时可让孩子试着深呼吸,或默默地数数,也许孩子就能够克制自我了。

五、不要总在第一时间满足孩子的愿望，不要让孩子的欲望膨胀

比如孩子在商店看见一个玩具娃娃，提出要爸爸妈妈买，父母不能当场就答应，不妨也向孩子提出要求，如果孩子每天按时起床，过生日的时候就送给他。类似的做法不仅使孩子懂得有付出才能有收获，还能让孩子学会节制。

六、启发孩子的自觉性

孩子自制力的发展是和孩子的自觉性、坚持性相联系的，父母要启发孩子的自觉性，让孩子养成自觉的良好行为习惯，并让孩子坚持做体育锻炼，独立完成作业，克服学习中的困难，形成比较稳定的意志品质。

七、培养孩子的自制力需要父母耐心引导

当孩子出现缺乏自制力的行为时，父母要冷静，要耐心说服，同时父母也要反省一下自己的教育方法是否适当，是否采取了令孩子心悦诚服的态度和方法等，只要父母平等地对待孩子，采取生动活泼、寓意深刻的方式，耐心说服孩子，孩子是会慢慢地改变那些不良习惯的，同时，孩子还会逐渐成为一个具有较强自制力的人。

 拥有一颗宽容的心

宽容是一种品德，也是一种智慧，是互赠的礼物。能宽容别人，就能获得别人的信任和支持。不会宽容别人的人，就得不到别人的宽容。

劳拉是一个优秀的女孩子,她一直是爸爸妈妈的骄傲。从小时候起,劳拉就会察言观色,还在上幼儿园的时候,她就会看老师的眼色行事,深得老师的偏爱。上学以后,自学能力也非常强,学习成绩好,而且她的速算能力在全校也是数一数二的。同时,劳拉又能歌善舞,学校的演出都少不了她的身影……诸多的长处使劳拉产生了一种优越感,而且这种优越感表现为——"我行,别人不行!"

　　劳拉虽然成绩突出,并有那么多值得骄傲的地方,但却存在一个致命的缺点——心胸狭窄,她容不得别人比她强,受不了老师的一点批评。因此,她和同学的关系很紧张,有时也会跟老师闹矛盾。上幼儿园时,她经常为了一些小事和小朋友发生矛盾。有一次,她和一个小朋友争吵起来,老师批评了她们。她觉得自己很委屈,回家又哭又闹,逼着妈妈给她转幼儿园。妈妈拗不过她,只好给她换了一所幼儿园。上了学,劳拉的班主任和任课老师都挺喜欢她,但她心胸狭窄的坏毛病还是没有改。班上如果某个同学在哪方面超过了她,她就会非常气愤,想方设法打击、报复或者诽谤人家,以发泄心中的不满,同学们知道劳拉有这样的毛病,所以都疏远她。劳拉也不能接受老师的批评。有一次,老师表扬了别的班干部,而没有表扬她。老师说她学习好,工作能力强,就是工作方法上存在着一些问题,同学关系有时会出现一点紧张,希望她能稍微改变一下。老师说得很委婉,也很诚恳,但心高气傲的劳拉哪里听得进去。为了这件事,劳拉一连几天吃不下饭,也不说话。她觉得太不公平了,老师怎么能这

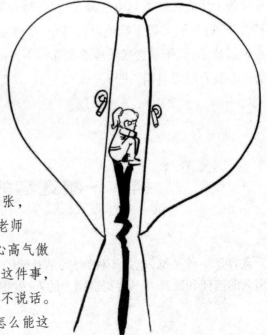

样对她呢？劳拉总会为一些琐碎的小事而生闷气，妈妈看在眼里，急在心里，她担心女儿这样的性格将来适应不了社会。

　　像劳拉这样的孩子在现实中并不少见，对于这种孩子，在日常的生活与学习中，父母应该教会她宽容，得饶人处且饶人，不要过于斤斤计较。当然，这并不是说让你的孩子凡事都要忍，都要吃亏，而是说在坚持一定原则的前提下，常以一颗宽容的心去处理生活中的矛盾。这样，孩子才能与父母、同学以及老师等在相互体谅的过程中携手共进。

　　如果父母教会孩子学会宽容，那么他就掌握了跟任何人交往的一种智慧。学会了宽容，就有了一份很好的人际关系，而好的人际关系，让人的生活快乐。

　　那么，父母如何做才能让孩子拥有一颗宽容的心呢？

　　1. 要教育孩子摆正自己在家庭中的位置，让他懂得他只是家庭中的普通一员，不能对他娇惯，不能无限度地满足他的愿望，不能给他特殊权利，让他高高在上。

　　2. 要求孩子心中有他人，不要总是以"我"为中心，一切只顾自己。

　　3. 必要时让孩子有一些吃亏让步的体验，以锻炼孩子的克制能力。

　　4. 多给孩子与同伴交往的机会，使之从中得到锻炼。让孩子在发生矛盾的后果中体味到只有团结友爱、宽容谦让，才能享受共同玩耍的快乐。

　　5. 要教育孩子理解和尊重自己的长辈，体谅长辈的辛苦，珍惜长辈的劳动成果和对自己的爱护。

　　6. 家庭成员间要友爱宽容，让孩子从小就生活在一个温馨、和谐、友爱、宽容的家庭环境中，使其在潜移默化的影响中，逐步形成稳定的宽容忍让的良好品质。

同情心——建立道德感的基础

同情心可说是道德的基石,此处所指的"道德"可简单定义为"努力地对待他人以友善及公平"。为了培养孩子良好的道德观,父母最先做的就是培养孩子的同情心,那么,父母应该怎样培养孩子的同情心呢?

一、要教育孩子有同情心,你必须让孩子弄清楚什么是同情

教育同情的最佳时刻一般并不是事先计划好的,而是随机发生的任何时刻。所以,父母要充分利用平时每一次对需要帮助的人的关心帮助,使孩子懂得怎样体会和帮助有困难的人。

二、要提高孩子的情商

当别人遇到困难,需要帮助时,父母可以先问孩子:"你认为怎样做才好呢?"孩子们一定要能够识别自身不同的感情状态,然后才能对别人的感情产生认识。

三、了解你的孩子看些什么和听些什么

别让孩子受到残酷的、令人堕落的、降低敏感的形象的侵蚀。这些形象会腐蚀他的同情心。

四、让孩子知道同情对他人的影响

如果孩子们知道了同情对别人的影响,他们就会更加富有同情心。因此,父母应指出同情能对别人产生的正面影响。

五、父母自己要以身作则

强化你的同情行为,孩子就能有规律地看见你对别人的"痛苦和需要"表现出来的关心,然后,根据你对别人的关心而采取行动,这样孩子就会模仿你的行动了。

如何付出自己的爱心

拥有爱心的孩子都会懂得宽容、宽厚待人,一般都不会霸道无理、待人苛刻,所以他们将来也更能从事对社会乃至人类有益的事情。比如帮助他人分担痛苦、保护环境、热爱动物等。

一个优秀孩子必须富有爱心,因为一个没有爱心的孩子绝不可能成为绅士淑女。

或许你的孩子学习成绩不尽人意,或许你的孩子言谈举止木讷粗俗,或许你的孩子穿着极为落伍,或许你的孩子长相令人讨厌,但是他的爱心一定能感动别人。爱心将使你的孩子心胸宽阔,让他受到每个人的欢迎。

既然爱心如此重要,那么你的孩子应该如何付出自己的爱心呢!下面这些道理是父母应该告诉孩子的:

一、爱自己

人类发展到今天,几乎是到了完美。而你能降临到现代社会,尤为幸运,因此要使自己过得有价值才对。

你的相貌、你的身材、你的言谈举止、你的思想,没有人会和你一模一样,现在没有,将来也没有。

你永远都是独一无二的。

黄金昂贵,世界上不少;钻石无价,但至少还可以寻觅;而你却是不可再造的,你就是你!

因此,你一定要爱惜自己的身体,要好好地保持自己的本色。

要爱惜自己的思想,用智慧和知识使自己升华;

要爱惜自己的行为,使自己行为高雅、魅力无穷。

二、爱父母

父母对孩子的爱虽然是不求回报的,但是孩子却必须要学会爱父母。

爱父母的一方面是要能体谅父母。其实,帮助父母做家务就是体谅父母的表现之一。爱父母的另一方面就是要尊重父母,当爸爸、妈妈休息的时候,轻轻关门、走路;

吃饭的时候,请他们先动筷子;主动为爸爸、妈妈倒杯水、捶捶背、揉揉肩。

三、爱老师

尊师重教是我国的传统美德。教师是人类灵魂的工程师,正是由于一代代教师的悉心教育,培养一代代人才,社会才能得以不断进步和发展。古人云,一日为师,终身为父,可见古人对老师的尊重。

尊师不仅仅是礼貌上的尊重,注意听课、尊重老师的劳动成果,也是尊重老师的重要环节。老师的课一般都是紧密相连的,有一次没有注意,课后还要花时间补上;有些同学上课不注意听讲,就要花数倍的精力去补习。

四、爱同学

你的同学,是你的同窗好友,是你的学习伙伴。班级是你学习人际关系的主要场所,那里有你展现自己所需要的一大批观众,是你学习走向社会的一个实验基地,是你成长的必经之路。每一个同学都值得珍惜,这里发生的任何一件小事都有可能是你未来做大事的支撑。紧握每一个人的手,收集每一个人的闪光点,这个闪光点,可能点亮你的智慧;爱惜每一份友谊,这份友谊,可能会震撼你的心灵。所以,和同学们共同走过阳光地带,也尽力协同作战走过沼泽地吧。

此外,爱同学是对的,但也要有一定的原则。在选择同学交友时,应该注意他们的人品。

五、爱国家

爱国主义是中华民族的精神支柱。学过中国历史的同学都知道,上下五千年华夏文明史,爱国主义就是贯穿其始终的一种永恒精神。爱国主义是强大的精神动力。没有爱国主义,就没有中华民族的过去、今天和未来。人们都会背诵"天下兴亡,匹夫有责"的名言,人们都会讲"精忠报国"的故事,爱国主义精神在中国人民的心里牢牢扎下了根。

纵观古今中外,众多的优秀人士像科学家、艺术家、英雄模范等,在他们的灵魂深处都有浓厚的爱国主义情结,有远大的报国志向,不是这样,他们就不会成就一番轰轰烈烈的事业。爱国主义精神促使他们"弃燕雀之小志,慕鸿鹄而高翔"。只顾自己利益的人,是达不到这种境地的。

六、爱大自然

大自然给予了人类很多东西,只有对大自然充满热爱的人,才会对生活充满希望,充满热情。从大自然之中,人类才会寻找出不断前进的资源。

从大自然之中,我们才会不断挖掘出创作的灵感。

七、爱动物

世界进化到今天,动物的功劳同样不可磨灭。

但事实上,地球上每天都有动物灭绝。

如果因为生存环境被破坏,动物减少了;因为我们贪吃,动物灭绝了。地球上只剩下人类,那么人类的存在就将受到毁灭性的打击。

八、爱地球

地球是人类的家园,地球已经伤痕累累了。它伤在哪儿? 就伤在人类破坏。

美国宇航员阿姆斯特朗第一个登上月球,当站在 38 万多公里的远处看到小小的地球时,他深切地感到地球不仅是一个绿洲,一个孤岛,而更重要的是,直至目前所知,它是唯一适合人类生存的地方。他说:"我从来没有像此时此刻那样突然警觉到,保护和拯救这个家园是如此的重要。"我们作为生物界的精华而又是芸芸众生中的一员,来到这个宇宙间仅有的地球,很偶然,很幸运,也很自豪。所以,我们爱这个丰富多彩的世界,爱这个统一和谐的大自然,爱与我们生活息息相关的生命现象,更爱我们的子孙——希望他们永远享有和我们同样美好或者更加美好的生活环境。

正因为如此,我们要很好地爱护我们的地球,爱护地球就是爱护我们自己。

第七章

智慧与学问，绅士淑女必备

提高想象力，给智慧插上翅膀

想象力是智慧的翅膀。想象是在外界现实刺激的影响下，在头脑中对记忆的表象(表象是外界事物在人的头脑中留下的影像)进行加工改造，从而形成和创造新形象的心理过程。比如说，我们读古诗《敕勒歌》："敕勒川，阴山下。天似穹庐，笼盖四野。天苍苍，野茫茫，风吹草低见牛羊。"在我们脑子里就会出现一幅非常壮美的图画，而且每个人脑子里的图画都各不相同。这就是每个人想象的结果。有了想象，才会有创造，才会体现出智慧。

要提高孩子的想象力，父母可以从以下几个方面努力：

一、指导孩子丰富头脑中表象的储存

表象是外界事物在人的头脑中留下的影像，是具体、形象的。带孩子去博物馆参观、到郊区游览、参加各种公益活动或走亲访友等，都可以让孩子记住许许多多的表象。为了记得多，记得准，记得牢，可以让孩子用语言描述把头脑中的表象再现出来。

二、指导孩子扩大语言文字的积累

想象以形象为主，但离不开语言材料，特别是需要用口头语言将想象的内容表述出来。

三、鼓励孩子编故事、讲故事

孩子喜欢编故事、讲故事，有时讲给小朋友听，有时讲给爸爸妈妈听，有时还会自言自语。这是锻炼表达能力的好方法，也是发展想象力的好机

成长中的绅士和淑女

会。家长要积极鼓励孩子，不要冷言冷语，更不能随便阻止。家长可以引导孩子按照某个主题去编去讲，适时地给以赞扬，指出不足。

四、用游戏启发孩子的想象力

爱做游戏是儿童的本能，对于孩子的自发游戏，父母应该给予关注，善于引导孩子通过做游戏来发展想象力及其他能力。

一位老师在给一群 9 岁的学生讲解轮船的发明时，就充分运用了游戏来启发孩子的想象力。老师先问孩子们有没有见过轮船，孩子们都说见过。老师再问孩子们："那么你们知道轮船有什么作用吗？"孩子们回答："可以载东西。"

然后，老师端来一盆水，并把一只鞋子放到装满水的盆子里，鞋子漂了起来。老师问孩子们："如果我们把水盆看成大河、或大海，那么鞋子就是什么？"孩子回答："轮船！"老师又问："你们知道古人是如何发明轮船的吗？"孩子们都摇了摇头，于是，老师给孩子们讲了古人如何看到漂浮在水上的木板后，想到用木板来制作小船，并由此发明了轮船。后来，人们又学会了运用钢板来制造轮船。

孩子们在老师的讲解中，想象力也随着老师的讲解而调动起来，这对他们想象力的培养是非常有利的。

五、鼓励孩子幻想

父母要鼓励孩子进行幻想，哪怕有时候孩子的幻想具有常识性的错误，例如，孩子想让鱼在天空飞翔，让人在海底生活等。父母没有必要非要去纠正孩子，因为，孩子正是因缺少常识的限制才可以想出一些成人想不出的想法来，而这些想法就有可能促使孩子们去做各种尝试来验证自己的想法，在这种行为过程中，孩子们就有可能得到一些新的认识与结论，从而更加激发自己的想象力与创造力。

发展创造力，每一个孩子都能是爱因斯坦

创造力，是指人们根据已有的经验和认识，找出解决新问题的方法，或创造出前所未有的新事物、新形象的能力。它是智力发展水平的重要标志，心理学研究表明，创造力不是一种全有或全无的现象，而是所有正常人普遍具有的程度不同的能力。

创造力，是最活跃最具生命力的一种力量。它用新的思想、新的方法去创造新事物，推动国家、社会、人民生活及一切事物不断更新发展。所以，它是科学家、发明家最宝贵的品质，也是每个人都应具有的优良品质。

可是，无论国内外的学者、科学家以及我们的教育工作者都承认中国的孩子较之外国的同龄人缺乏创造力。出过国的学生回国后，多反映美国的同学更活泼，思想活跃、点子多，动手能力也强；而中国的学生知识学得多、学得踏实，可是在创造力、动手能力方面比他们要逊色。过去教育部、共青团中央、中国科协曾对我国不同地区的 12000 名中小学进行调查发现：知道创造性思维的学生只有 8.8%，至于创造力就更差了。

成长中的绅士和淑女

既然创造力很重要,我们在这方面又存在弱点。那么,父母又该如何去培养孩子的创造力呢?

一、积极肯定、赞扬、扶植孩子的创造性

孩子的丰富想象能力与大胆创造的精神是难能可贵的。当孩子对某些事物兴趣浓厚而寻根究源时,我们要热情鼓励。对孩子提出的各种问题,都要认真回答,且要合乎孩子的口味,以启发孩子积极思维。对于孩子在实际中生活、工作、学习中提出的新观念、新做法、新设想,哪怕是点滴的、零碎的、不成熟的,都要热情地加以肯定、赞扬,及时扶植孩子正在萌发中的创造性。

二、多给孩子一些实践的机会

孩子智力的发展,是借助于自己的感官、双手的实践获取的。勤动手,会促进大脑相应区域的发育。实践的机会越多,思考就越周密、细致。因此说,实践是发展孩子创造力的重要条件。例如,法布尔小时爱观察、捕捉小昆虫;牛顿在儿时制作过小水车、风车;郭守敬自幼爱动手脑,15岁时就制成了精确的计时器——宝山漏壶。日常生活中,我们见到孩子拆毁四驱车、小闹钟、钢笔、自行车之类的现象,正是孩子探求事物的奥秘、追根究底的好奇心的突出表现,父母应注意加以引导,尽

量满足孩子的求知欲与好奇心的需要,使他们的创造力在实践中不断得到

发展。

三、有意识地训练孩子的创造性思维能力

创造性思维，主要指集中性思维与扩散性思维两种思考方式。

集中性思维，是一种收束性思维，可训练孩子从各种答案中找出唯一正确的答案。目前，一些教师传授知识，多用这一思维方式，许多学生家长对子女也多是灌输现成知识和已有结论。这样，对于培养孩子的想象力、创造力以及解决问题的能力是不够的。

扩散性思维，则是在思考过程中，以问题为中心，向四面八方展开，寻找多种答案。它不固守一个方向、一定范围、一种形式，并具有流畅、广阔、深刻、灵活、独特的特征，是培养孩子创造力的重要方面。我们要注意改变旧的教育观念与方法，调动孩子学习的积极性和主动性，采用画图画、口算、猜谜语、讲故事、回答问题等方式，给孩子提出一些扩散性的问题，并鼓励他们迅速、灵活、准确地回答出来。例如，在几分钟的时间内，说出某事物和其他事物的种种联系；说出解一道算术题的多种方法；说出某一物品的多种用途；说出一个词语的多种意思；编出符合某故事情节的多种结尾……当孩子的思维遇到障碍时，我们就给予必要的启发、帮助，不要使孩子感到过分为难，而影响其积极思考问题的情趣。常常教育孩子从各种不同角度去考虑问题，才能思路开阔、灵活，创造性就可以逐步提高。

但是，要注意两种思维方式的有机结合。如果只注意扩散性思维的培养，就会使孩子产生过多幻想，得不到集中思维的帮助，幻想将成为空想，众多的创造性设想就无法付诸现实。

四、创造力和丰富的学识分不开，只有学识丰富的人，才能有更好的创造力

大发明家爱迪生之所以具有很好的创造力同他具有渊博的学识分不开，他几十年如一日的到图书馆看书，他说："我不是一本一本看，而是看了一个图书馆。"他在研制东西时，总是找来很多书籍和资料进行认真的钻

研。所以，父母要鼓励孩子多读书，要培养孩子的想象力和创造力。

五、积极的进取心、坚定的意志力、持久的恒心及刻苦奋斗的精神是创造力的精神支柱

马克思说："在科学上没有平坦的大道，只有不畏劳苦、沿着陡峭山路攀登的人，才有希望达到光辉的顶点"，这话对教育者和被教育者都有着深刻的启示。

记忆力与智慧成正比

无论是读书、思考、演讲、写作、科学研究、文艺创作、总结汇报、交涉洽谈，乃至处理日常事务等等，都离不开记忆能力。记忆能力越强，从事上述活动的效率就会越高。可以说，记忆力是智慧的基础，效率的前提。

从小就注意培养孩子的记忆力，是孩子发展智力的一个重要组成部分。假如一个人没有记忆能力，今天记的事明天就忘了，那他就不可能获得任何知识，更别提获得智慧了。人们通过观察获得的知识，依靠记忆力把它储存起来，需要的时候，马上就可以拿出来使用。记忆的知识越多，反应就会越快，处理事情的能力就越强。遇到问题就可出现"眉头一动，计上心来"的灵感。所以说，孩子记的知识越多，其智慧也就越多，也就会越聪明。

父母想要提高孩子的记忆力，下面的这些建议可供参考：

一、给孩子一个安静的环境

良好的环境对于培养孩子记忆力是非常重要的，尤其是年幼的孩子。环境是促进记忆的一个重要方面。安静的环境包括父母在孩子学习的时候，不要去干扰孩子，不要在孩子旁边走动，也不要大声说话、看电视等，以

免使孩子分神。同时，父母要注意孩子学习环境的布置。房间内东西的摆放要整齐，杂乱无章容易干扰视线、影响记忆。因此，孩子学习的房间不要摆放过多漫画、玩具等容易吸引孩子注意力的东西，墙壁上不要张贴许多与学习无关的东西，以免孩子的注意力被周围的东西所吸引。

二、激发孩子对记忆的兴趣

兴趣是学习的老师，孩子对有兴趣的东西能表现出很强的记忆力。因此，要激发孩子对记忆的兴趣，父母要给孩子创设一个轻松温馨的氛围，让孩子在心情舒畅中来记忆。孩子在精神放松的状态下进行记忆不仅记得快，而且记得牢。因此，父母应该想办法诱导孩子高高兴兴地去学习，而不要一边责骂孩子，一边呵斥孩子去学习，这时的记忆效果肯定是不好的。同时，父母也可以教育孩子运用一些方法，把枯燥无味的知识进行特殊的加工，从而变成让孩子感兴趣的东西来记。

三、让孩子在理解的基础上进行记忆

在积极思考、达到深刻理解的基础上记忆材料的方法，叫作理解记忆法。

理解记忆是以理解材料内容为前提的。这种理解不仅指看懂了材料，而且包括搞懂了材料各部分之间的逻辑联系,以及该材料和以前的知识经验之间的关系。因此,在记忆材料的时候,我们要尽可能向孩子强调"先理解,后记忆"的要求,而不要从一开始就逐字逐句地死记。

四、让孩子掌握记忆的规律

记忆的过程是识记、保持、理解、再认、再现的过程。在这个过程中,识记是记忆的开始,保持是记忆的中心环节,理解是保持的基本条件,再认和再现是记忆水平和质量的反映。

五、让孩子明确近期记忆目标

人不管做什么事,都要有目标。这个目标,诱惑着人,引导着人,使人步入更高的境界。同样,家长必须使孩子清醒地意识到,自己的学习总是有一定的目标的,这是成功地改进记忆效能的一个前提和基础。

六、丰富孩子的生活环境

有生活经历才有记忆,"见多识广"的孩子能记住和讲出很多见闻,对自己的记忆充满信心。在耳濡目染中,孩子们对形象鲜明的、感兴趣的或引起他们高兴或惊奇的事物,都会留下深刻的印象,较长时间保持在记忆中,这些印象在遇到新的事物时会引起联想,更容易记住新的东西。

七、增强孩子记忆的信心

记忆力的好与差不完全是天生的,是可以训练和提高的,但对自己的记忆能力失去信心,就很难提高了。只有有信心,才能集中注意力、开动脑筋、想方设法把它记住。因此,家长切忌打击孩子记忆的信心。如有的家长骂孩子"你什么都记不住,一点记性也没有,对你说了也是白说"等等,是很不妥当的。家长要了解孩子记忆的不足之处,记不牢或记不正确的原因,耐心帮助他,要多给予鼓励。从小培养起孩子对自己记忆力的信心。

八、利用直观形象进行记忆

根据心理学家的统计和研究,小学生擅长于具体形象的记忆。直观、形象的东西,尤其是视觉映像,容易给孩子留下深刻的印象。

因此,当孩子记忆一些抽象的东西,尽可能与具体、形象的东西结合起来,在形象的基础上,概括出具有普遍性的结论。

九、联想法记忆

当一种事物和另一种事物相类似时,往往会从这一事物引起对另一事物的联想。把记忆的材料与自己体验过的事物连结起来,记忆效果就好。

十、分类记忆法

若将必须记忆的内容按一定要求进行分类,那么,记忆就要容易得多。实际上,分类过程是一个理解的过程,本身就已经具有记忆的功能,孩子一边在分类,一边在理解,一边就已经在记忆了。

十一、谐音记忆法

这是让孩子利用谐音来帮助记忆的一种方法。许多学习材料很难记忆,在它们之间不易找出有意义的联系,例如,历史年代、统计数字等等。如果对这些学习材料利用谐音加某种外部联系,这样就便于贮存,易于回忆。

十二、口诀记忆法

把记忆材料编成口诀或合辙押韵的句子来提高记忆效果的方法,叫作口诀记忆法。这种方法可以缩小记忆材料的绝对数量,把记忆材料分组、组块来记忆,加大信息浓度,增强趣味性,不但可减轻大脑负担,而且记得牢,避免遗漏。

 # 注意力是智慧的门户

人的注意力集中不集中,将决定他未来成就大小,其实人的智商差异不是很大,但是注意力差异就大了。为什么科学家成就高?因为他们把所有的注意力都集中在一件事情上了。

对于父母来说,关注孩子注意力集中是非常重要的事情。可在现实生活中,我们发现很多孩子却患有"多动症"的毛病,往往不能集中注意力去干一件事情。

那么,如何解决孩子的"多动症"问题,如何培养孩子的注意力呢?下面是一位专门研究"注意力"的美国儿童教育学博士对父母提出的一些有用的建议:

1. 坚持执行始终如一的规章和纪律。

2. 保持自己的声音平静缓慢。孩子做了错事,你生气是正常的,但也是可以控制的。

3. 预料到孩子可能会出麻烦,并做好准备;在麻烦到来时,努力使自己的情绪保持冷静。

4. 对任何积极的行为给予承认,做出反应,哪怕是很小的行为;如果你不带成见,有意寻找孩子身上好的东西,你会找到一些的。

5. 避免经常使用表示否定态度的语言,如"不许""停止""不"。

6. 把孩子的坏毛病同孩子本身区分开来。比如,可以和孩子说:"我喜欢你,但我不喜欢你不听话。"

7. 给孩子制定一个非常清楚的作息表。规定好起床、就餐、玩耍、看电视和就寝的时间表。要遵守时间安排,但当孩子出现不遵守时间的现象时,也要灵活处理。过一段时间后,你的作息安排将成为孩子自己的习惯。

8. 当你教他新东西时,要有耐心,解释要简短、清楚,要常常重复你的要求。

9. 争取在房间内为孩子留出一块自己的空间,避免用鲜艳强烈的色调装饰,保持房间俭朴整洁。把书桌摆放在空空的墙下,使它远离干扰,这有利于孩子的注意力集中。

10. 一次只做一件事。把玩具存放在带盖的盒子里。一次只给他一件玩具。如果孩子在画画或在读书,你要关上收音机或电视。多重的刺激会使他不能精神专注。

11. 给孩子一定的责任,这在成长过程中是至关重要的。交给他的任务应该是他力所能及的。他一旦完成了任务,即使完成得不理想,也要给予承认和表扬。

12. 每次只允许一个朋友来家玩。你应该负责监管他们的活动。

13. 切忌可怜、嘲讽或过分地放纵孩子,也不要被孩子吓倒。他最终是会学乖的。

14. 同孩子的老师一起交流对孩子有益的教育方式。

 ## 感知力决定智力的发展

感知力是感觉和知觉能力的统称。对事物部分的感受是感觉,对事物整体的感受是知觉。孩子的智力因素包括感知力,它在很大程度上显示了孩子的智力水平,并决定孩子智力的发展。所以,父母应从如下几个方面从小培养孩子的感知能力:

一、让孩子多接触事物

孩子开始迈步走路了,他的视野突然开阔了。好奇而又好动的本性,使他非常喜欢摆弄东西。这时,父母要因势利导,让他摆弄各式各样的更多的东西。这对孩子积累经验、增长智力大有好处。孩子长到三四岁,独立性强了,活动范围也随之扩大了,父母在这个时候应有意识地让他在游戏、学习、劳动中感知更多的事物。如认识各种蔬菜,区别各种交通工具,辨别不同颜色,区分不同气味,等等。孩子再大一点,应引导孩子去观赏大自然。大自然是增长孩子知识的最好的老师,可以让孩子在绚丽多姿、万紫千红的自然风景中大饱眼福,任其玩耍。这样,不仅可以增长孩子的见识,更重要的是可以发展他的感知能力。

二、发挥语言的促进作用

孩子在观察事物时,父母应给予说明讲解,这样,既可以培养发展孩子的语言,又可以促进感知能力的发展。例如,看到一个事物,就要帮助孩子命名,可以借助于词语区分近似的东西,如马、骡、驴;也可以帮助孩子借助于词语认识事物的共同特点,如麻雀、燕子、鸽子等都有羽毛、有翅膀、会飞等;还可以帮助孩子借助于词语概括地认识事物,如吃过酸葡萄,再见到山楂,父母只要一说像葡萄一样酸,孩子不尝也知道山楂是酸的了。总之,通过语言的作用,可以使孩子更好地理解所感知的事物,对事物的感知也越来越细致、精确、迅速、完整,从而大大提高感知能力。

三、使感知服从既定任务

孩子随着语言能力的发展,自我意识也渐渐发展起来。父母可以使孩子的感知逐渐服从于一定的任务,也就是让孩子根据成人的要求去观察,以便提高感知的自制性,培养更高一级的感知能力——观察力。

阅读是最有益的教育

原苏联教育家苏霍姆林斯基说:"30年的经验使我相信,学生智力发展取决于是否会很好地阅读。会边读边想的学生,比起那些不会迅速阅读的人来,处理任何事情要快些、顺利些。"日本石井勋博士说:"阅读能力是任何学习的基础,因为每一门学问都是从阅读书籍开始。"中央教育科学研究院教材研究所戴汝潜先生明确指出:"阅读升华人格情操,触及心灵自省,是最有益的教育——自我教育的益友;对儿童的思想品质、道德情感的陶冶来说,阅读是重要的。"

所以说,阅读不仅是一种能力,同时还是儿童智力开发的最有效的手段之一。

作为孩子的第一任教师,父母有必要培养孩子的阅读能力,这包括:增加孩子的词汇量,让孩子感知和分辨语音、增加语感,发展孩子的口头语言,进而了解书面语言,提高表达能力。通过阅读图画故事,孩子的记忆力、理解力、观察力、想象力以及语言的组织和复述能力都会有不同程度的提高。同时,他们会逐步掌握阅读策略,通过文字的学习环境体验字、词、句的构成规律,学习和获得基本的阅读能力。

在日常生活中,要想提高孩子的阅读能力,父母必须做好以下几项功课:

1. 创造良好的家庭读书环境,约定好的读书时间谁也不能打扰。

2. 父母为孩子读书要感情充沛、声情并茂,带有丰富的表情和肢体语言。

3. 亲子共读要多互动,多交流、提问、回答、表演、续编,形式多样。

4. 多让孩子复述听过的故事,自己当听众,让孩子充分体验语言表达和成功的喜悦。

此外,值得特别提出的一个问题是:父母应该选择哪些图书供孩子阅读呢?

一、给幼儿选多插图的书

幼小的孩子,可以给他一些插图较多的图书,教他们怎样翻书,为幼儿选的图书,插图线条要清晰明确、情景熟悉温馨,且用色要鲜明。例如多用红、黄等暖色。即使是幼儿,也可以带他到图书馆去,教他选择图书和借书。每周带孩子去一次图书馆,可成为全家人愉快的活动。

4～7岁的孩子可以开始自己阅读了。给孩子阅读的图书字体要大,每页的字数不宜太多。对年幼的孩子来说,插图能帮助他理解故事,猜测不懂的东西。

二、持之以恒地引导孩子读书

学习阅读应该是一个愉快的活动。幼儿需要成人不断地鼓励和赞赏。例如用注音符号、集中识字、随课文识字、诵诗识字等,都是帮助儿童识字的方法。无论采用哪一种方法教导孩子识字、读书,关键是持之以恒。即使掌握了数百个字、能尝试自己阅读适龄读物的孩子,还是喜欢听成人讲故事和读书给他听。给孩子讲或朗读不同类型的儿童图书,不但可以加强亲子间的沟通,使生活更丰富,也可以帮助孩子认识新字。

为幼儿选读故事书,要留心他们的接受能力。有个小女孩每当听妈妈讲"小红帽"和"七只小山羊"两个童话故事时,都怕得跑开。原来两个故事中的狼都给剪破了肚子,才救出小红帽的外婆和七只小山羊。孩子被这个情景吓坏了。

不同的孩子对这些古典童话的残忍情节会有不同的反应。

有些反应强烈,有些则若无其事。最熟悉孩子的还是爸爸妈妈。因此,最理想的做法是,你把孩子要看的图书先看一遍。为孩子选择图书除了要"知书"之外还要"识人"。你要知道你的孩子关心些什么?他和朋辈间的话题是什么?他有些什么娱乐活动?他认同的偶像、事物是什么?

留意书局和图书馆的推荐介绍活动,这些活动有助于引发孩子的阅读兴趣或接触到精彩的新书。

三、培养孩子读书的方法

有些孩子很早就喜欢看书,也阅读了很多古典童话和名著故事。对于这些阅读能力强的孩子,让他们参加书会是很有帮助的,可以互相交换阅读,还可以利用图书馆的馆藏。

如果孩子不爱阅读,你要多和老师联系,通过学校与家庭的合作,帮助孩子迈开阅读的第一步。说不定孩子受到成人的引导、鼓励而爱上一本书,进而因此影响他的一生呢!

对于那些不爱看文字,阅读能力较低的孩子,可以先引导他们看那些文句较显浅,思想内容较具体,不抽象的读物。如幽默搞笑的笑话、谜语、童诗、儿歌等。诗歌、短篇故事、问答游戏、智力测试等也都可以考虑。儿童都喜欢选择略高于自己年龄程度的书来看。因此,不要因为他们不爱看书而介绍他们看内容幼稚的读物。

有时候,成人介绍的图书,孩子未必感兴趣。但若是年纪较长的朋辈说:"这本书很好看!"他就会去读读看。有的孩子不喜欢看故事书,却可能为弄懂电视游戏机的说明而彻夜不眠。

成长中的绅士和淑女

孩子一旦开始为自己挑选图书，也就意味着他们踏上了自学的道路，这样，孩子从阅读课外书所得到的知识远较课堂上学到的多得多，而他自阅读中所"储藏"的知识和智慧更是一生享用不尽的。

四、不要使孩子远离文学名著

据调查，现在好多人包括大学生的家里，不缺电视机、不缺高级音响，独缺书架。许多人是通过电视才知道《红楼梦》《三国演义》的。

据统计，初中一年级平均每人读课外书 73 本；初中二年级平均每人读 90 本；初中三年级平均每人读 30 本。数目似乎不算少，但内容是什么？是言情小说和反映西方社会尔虞我诈的作品，还有明清浪漫小说和武侠小说，这类书普遍思想性不高，艺术价值不大，书中还有不少"色情活动"和"阴阳轮回"等描写，对青少年读者有相当大的消极影响。

有位学者说："没有名著的民族是可悲的，拥有名著却远离名著的年轻一代更可悲。"何况，对一个时代的认识，不仅要看它生产出多少钢铁、汽车，更要看他生产出多少哲学家、文学家、艺术家，看它为人类文明发展提供了多少财富。拿这个来衡量，许多人对《红楼梦》《阿 Q 正传》《子夜》等的无知，实在悲哀。

 兴趣是追求智慧的动力

兴趣使人集中注意，产生愉快、紧张的心理状态，对认识过程产生积极的影响，兴趣是人们追求智慧的强大动力。

开发孩子的智力，增长孩子的学问，就一定要注意激发孩子的兴趣。父母在选择、发展、培养孩子的特长时一定要和他的个人兴趣结合起来。学习一定要有兴趣，而兴趣对一个孩子的观察力、注意力、想象力，包括他的好奇心,都有决定性的推动作用。

家长可以有针对性地给孩子买一些相关的科普书籍,如《十万个为什么》《少年儿童百科全书》等,这些能使孩子对书中的科学技术方面的知识产生浓厚的兴趣。

另外,因为孩子天性活泼好动,喜欢玩水、玩沙子、捉蝴蝶、捕蜻蜓等,这些都是孩子天生的、自发的兴趣。这些兴趣也是孩子认识自然、认识社会的基础,所以,家长不妨多带孩子到大自然中去,让孩子充分融入大自然,以满足孩子多方面的兴趣,为孩子创新能力的开发奠定基础。

孩子的发展应当是全面的。父母培养孩子要发现孩子的兴趣与爱好,不能使每一个孩子都变成一个学习的机器,而应当使他得到全面的发展。当孩子一旦对某一方面或某些事物入迷之后,他就会以惊人的勤奋和毅力去从事这件他所热爱的事情。一旦他们步入了这一轨道,他们潜在的才能就能够得以充分发挥,这种发挥是迅速而惊人的。

相反,孩子的兴趣和热情一旦泯灭,他们潜在能力发挥的余地就会越来越小。

所以,我们每一位家长都不能随意践踏孩子兴趣的幼芽,要从小注重孩子兴趣和热情的培养,以便孩子的潜在能力得以正常发挥。

如何正确对待孩子的兴趣,父母应该注意以下几个问题:

一、承认孩子有爱好的权利

做父母的要承认每个人可以有自己个人的喜爱和兴趣。作为孩子,他们也有权利拥有自己的爱好和兴趣,父母不应该随便干涉。

二、不要逼迫孩子

父母不要指望通过逼迫的手段令孩子屈服,这样做往往适得其反。

三、对孩子的兴趣不要过早做定论

不同性格的孩子,他们的兴趣维持时间也不一样。有的孩子具有某方面的天赋,一旦对某一事物发生了兴趣,就坚定不移,一直喜欢下去;有的孩子兴趣广泛,很容易对某一事物产生兴趣,但维持的时间不长,很快又转移到其他事物上。所以,父母不宜对孩子的兴趣过早定向,这样容易把孩子不感兴趣的事情强加到孩子身上,给孩子造成巨大的压力。

四、尽量尊重和善待孩子的兴趣

在今天这个多姿多彩的生活里, 人的个性和兴趣得到较充分的发展,父母应该允许孩子自己选择兴趣,当然在承认与尊重的前提下,父母还是可以进行适当引导的,这样才更有利于培养孩子高尚的趣味和情操。

第七章 智慧与学问,绅士淑女必备

第八章

绅士淑女，做事的学问

分清轻重缓急

孩子在开始学会独立的时候，时常会出现不知道怎么做事的情况，这时，身为父母的我们就必须引导孩子做出判断，将复杂的事情分类，归纳出紧急的程度，归纳出来之后再一一地解决，多试几次，孩子就能轻松学会面对各种或急或缓的事情。

怎样分清轻重缓急？

意大利经济学家提出了一个著名的"80/20定律"，即在日常生活中，20%的事情就足以决定80%的成就，所以应该先辨别什么是最可能见效的20%的事情。一旦辨别清楚了，用80%的时间做好这些最重要的事情，再用剩下的20%的时间做其他事情。

虽然每个人都有着不同的人生境遇，人们不必机械地套用这些百分比，但把这个定律的精神融会贯通，运用到学习和生活当中，就可以帮助孩子识别及做好最重要的事情。

父母要做的是，帮助孩子设定优先级，使孩子学会用"轻重缓急"四字去划分学习、生活中的四类事务。

在孩子身上，和长期利益紧密相连的重要事务，如学习，尽管有时候看起来不紧急，也必须把它们放在重要地位优先去做。

在中小学阶段，对绝大多数孩子来说，多数教科书是属于需要精读的读物之一，应该放在重要的地位，而一般的课外书，如小说，就可以放在次要的范围。

对孩子来说，即使是学校的功课，也有轻重之分，并不是每个科目都能花大量时间预习、练习、复习。尽管每个科目的老师似乎都希望孩子把主要精力放在他所教的科目上，但孩子自己心里应该明白，由于精力和时间不

济，就应该轻重有别，不可能每个科目都花一样多的力气。

如果孩子在每个科目的表现都不太理想，与其每科都补，倒不如先在较重要的一两个科目上加强，例如：先在语文、数学上面多花一点时间，经过一段时间后，当这两科已经有明显的进步时，再慢慢地把时间和精力投到别的科目上。

有计划，有条理

现实生活中，许多孩子都有早晨起床找不到袜子、学习用品或者生活用品的现象，这就是做事缺乏计划性和条理性的坏习惯所导致的。做事情缺乏条理、没有计划是儿童时期的一种自然反应，但是，如果父母不注意引导，孩子们往往会养成不良的习惯，从而给自己的一生都会带来麻烦。

对于孩子来说，做事有计划是非常重要的。它可以帮助孩子有条不紊地处理应该处理的事情而不会手忙脚乱。做事没有条理的孩子，他将无法独立地料理自己的生活，也无法很好地进行学习。在走向成功的道路上，做事没有条理、没有计划的孩子将会比其他人走得更辛苦。

那么，父母怎样培养孩子做事有计划的好习惯呢？

一、让孩子做事有条理

在日常生活中，不管做什么，父母都要让孩子做得有条有理。例如，房间摆设井井有条,用过的东西放回原处,以免需要的时候找不到。晚上睡觉之前,整理好书包、准备好第二天要穿的衣服等。这些都可以帮助孩子养成做事有条理的好习惯。

二、教孩子做计划

要让孩子做事有计划,父母可以向孩子示范自己的计划。即把自己的计划告诉孩子,并且征求孩子的意见,让孩子帮着计划。比如,在周末的清晨,可以这样对孩子说:"今天我想好好安排我们的活动,吃完早饭后,我们到公园去看花展,然后回来吃午饭,午饭后你小睡一会儿,1点钟我们去少年宫学画画,3点我带你去海洋馆,回来后,你要写一篇一天的见闻,你觉得这样安排好不好?"

这种示范不仅可以帮助孩子理解计划的重要性,而且,他能够学着去安排自己的事情。

如果孩子对父母的计划提出了疑问或者孩子有了计划的意识后,那么,父母就可以让孩子来安排、计划一下了。

三、让孩子按计划办事

在日常生活中,父母要向孩子强调计划的重要性,并给孩子的各项行为制定一些计划。当然,这些计划的制定应该让孩子参与进来,与父母一起来制定计划。

当计划制定了以后,孩子必须按计划办事,不能半途而废。对幼儿园的孩子来讲,父母应该要求他们在玩的时候自己把玩具拿出来,玩完以后自己收好。对小学生来说,就要要求他们看书做作业的时候要认真,写完以后才能去玩。对于中学生来说,应该要求做事有责任心,自己把握做事的进度。这样让孩子凡事都有计划地去做,并渐渐养成习惯。

做事要有始有终

许多孩子都存在着做事有始无终、半途而返的问题。要解决这一问题，应从以下几个方面考虑：

一、做孩子的表率

父母是孩子的第一任教师，也是终生连任的教师，孩子每天都在用最精细的眼神观察着父母的一言一行、一举一动，他们模仿着、学习着，往往在你还没有觉察的时候，你的言行举止已经给孩子留下了深刻的印象。有句俗话："上梁不正下梁歪"。如果想让孩子从小养成良好的做事习惯，那么"上梁必须正"，必须以身作则，无论处理什么事情，都要认真、圆满地完成，做孩子的表率。

二、从严要求

坏的习惯，非严格要求不能矫正；好的行为，非严格要求难以形成、巩固。有的家长兴之所至，要求孩子完成某件事情，起初能坚持督促孩子去做,日后,当孩子不肯做时又轻率迁就,这些做法都不可取。

三、坚持鼓励为主

如果孩子做事中途退缩,不想完成,父母切忌唠叨个没完,或者张口就骂,动手就打,更不要讽刺、挖苦,这样做很容易使孩子产生逆反心理,以致伤害其自尊心。父母应细心观察,对于孩子产生的困难及时予以帮助,对于点滴进步要及时予以鼓励、表扬,使孩子产生愉悦感和自信心,从而使孩子树立坚持完成任务的决心。

四、应重视对孩子自制能力的培养

自制力就是能够控制自己、支配自己的行动的能力。它表现为既能善于促使自己去完成各项任务,又能善于控制自己的行为。孩子由于年龄小,注意力不稳定、自控能力较差,做事往往有头无尾。所以,要根据以上特点,从孩子生活习惯方面入手,先提出小的要求,让其通过不大的努力就能完成任务,久而久之,就会逐步地学会控制、约束自己的行为,去完整地做好每一件事情。

五、让孩子负一点责任

孩子做事往往是凭兴趣,不爱干的事情常常半途而废。针对这些情况,父母应故意把一些事情郑重地作为一个任务交给他,比如,家里喂养了小动物,要求孩子给它们喂食、让孩子去取牛奶等。孩子觉得自己有了一定的责任,也就增加了克服各种困难的勇气,通过自己的努力把事情做好,也就逐渐养成了做事有始有终的习惯。

 # 做事不能太拖拉

对时间的价值没有深切认识的人，决不会坚韧勤勉。谁能抓紧时间，做时间的主人，谁就能比别人做更多的事情。学习时，能抓紧时间的孩子也必然会取得好成绩。但事实上，在现实生活中，却有许多孩子不懂得时间的珍贵，做事时总是喜欢拖延和推诿，尤其是在学习时。这不仅让父母的教育做了无用功，而且会耽误孩子的健康成长。

所以作为父母，我们一定要能随时告诫孩子珍惜时间，千万不能让拖延和推诿成为孩子学习上的绊脚石：

一、告诉孩子，一寸光阴一寸金，寸金难买寸光阴

朱熹是南宋时期的伟大思想家、教育家。他一生治学勤奋，著作等身。他之所以能取得过人的成就，与他珍惜光阴、不舍分秒分不开。他特别强调读书要"着紧用力"，不能因为时间宽裕而悠然自得地放松自己，而是要抖擞精神，像去救火治病那样有紧迫感，像水上撑船那样一篙不缓地努力

往前。到了晚年，朱熹看到自己的满头白发，想到许多事情还没有来得及完成，便深深感到"光阴似箭，岁月如流"，他望着梧桐树的黄叶在秋风中簌簌落下，更感到人生短暂，来日不多，便慨然写下一首诗："少年易老学难成，一寸光阴不可轻。未觉池塘春草梦，阶前梧叶已秋声。"

我们不妨为孩子们算一笔账。人生短暂，转眼就是百年。然而能活到上百岁的又有多少呢？即使上百，按三分之一的睡眠时间算，那么你最少要睡上三十几年，必要的饮食消遣也得花去十几年时间，况且还有老弱幼稚阶段。这样细算之下，真正能用到学习、工作上的时间就少得可怜，这极有限的时间如果我们再抓不住，那就会一事无成。难怪古人云："少壮不努力，老大徒伤悲。"

二、告诉孩子，浪费时间将受到时间的惩罚

历史上因为等一天而耽误事情，甚至酿成大祸的事例举不胜举。

1814年6月17日，拿破仑在击败普鲁士军队以后，错误地让军队休息一天，6月18日才开始进攻固守在滑铁卢的英军，结果给了英军构筑工事的时间，从而导致18日滑铁卢一战的惨败。试想，拿破仑如果能抓住战机，马不停蹄地进攻英军，那么谁敢说欧洲的历史不会重写，拿破仑统治的法国不会更加强大和持久呢？

"明日复明日，明日何其多"，青少年时期是学习的最好阶段，一定要珍惜每一刻的时间，在这一点上如果孩子难以做到，那么就需我们做父母的去帮助和教育。

 培养合作精神与能力

什么是合作？合作就是人与人之间的配合，共同完成一件事情。你一个

人无法完成的事情,你与别人合作就能够完成;也许你能够完成一件事情,但是如果你与别人合作,你将会把这件事做得更加完美。

懂得合作是成功者必备的一种素质。合作既是一种精神和态度,也是一种能力和修养。在现代社会,人与人之间的联系更加紧密,完全孤立的人是无法生存的。

现代社会在要求人们进行激烈竞争的同时,又需要

人们进行广泛的多方面的合作。其实,这两点并不矛盾。同样,人在社会上,如果缺乏与他人合作的精神和合作的能力,那么,他不仅在事业上不会有所建树,就连适应社会都很困难。

所以,对于父母来说,从孩子懂事时起,就应该有意识地培养孩子与他人合作的精神和能力。

那么,父母该怎样来培养孩子与人合作的能力呢?

一、让孩子明确与人合作的重要性

对于孩子来说,在日常生活和学习中,有许多事情靠他一个人的力量是无法做到的,这时他所需要的就是与别人合作。父母可以寻找并发现这样的事情,然后利用这种机会让孩子体验一下个人无法完成的挫折感,从而使其懂得与人合作的重要性。

二、让孩子感受合作的快乐

成功的合作可以让孩子产生快乐的感受,这种感受能够带给孩子无穷的动力,进而促进孩子的合作意识和合作行为。

三、让孩子多与同伴交往

给孩子足够的时间,让其与同伴在一起,他们可以一起交谈,一起分享玩具,一起做游戏,一起出去玩耍,一起做作业。

四、让孩子与同伴共同承担一定的任务

父母想要提高孩子的交往与合作水平,可以让孩子与同伴分担一个任务的不同部分,并通过力所能及的活动努力完成它。

五、让孩子真正认识到别人很重要

与人交往,一定要尊重人、看重人,使对方觉得他在你心目中很重要。

六、让孩子知道竞争和合作是可以同时存在的

父母要及时教育孩子端正他的竞争心理。竞争目的主要在于实现目标,而不在于反对其他竞争的同学。父母要教孩子把其他同学作为学习上的竞争对手,生活上的合作伙伴,千万不可一味地把他人当成竞争对手和敌人,不顾一切地对立他人。这种思想是不健康的。

七、让孩子对别人真诚地感兴趣

一个人只有真诚地对别人感兴趣,他才会得到很多朋友。有的父母只要孩子关心自己的学习成绩,其他的事情一律不许过问,久而久之,孩子养成了只关心自己的习惯,只要求别人满足自己,至于别人有什么困难,他们并不去想。这样的孩子绝对享受不到帮助别人和得到别人帮助的乐趣。

 ## 养成主动做事的好习惯

有些孩子做事不主动,常要人提醒。孩子为什么会出现这些问题呢?究其原因有如下几种:

一、孩子性格造成的

这类孩子的性格活泼好动,遇事敏感,反应迅速,注意力和兴趣很容易转移,不能很好地从事某种活动,所以做起事来毛手毛脚,丢三落四。

二、环境的影响

孩子注意力不集中,易受外界环境的影响。当孩子正在做事情时,极易被更有趣的事情,比如好玩的玩具、电视上的动画片等所吸引,以致停止正在做的事情,把注意力转移到另一事物上去。

三、家庭教育所致

1. 孩子的事情没有做完,家长发现后,为了省事,于是自己大包大揽,使孩子失去锻炼的机会,并使之产生依赖感,养成干活常要人督促的坏习惯。

2. 父母不能以身作则,加之孩子模仿性又强,致使成年人的不良行为在孩子身上得以沿袭。

3. 成年人发现孩子做事虎头蛇尾,并不去追究其真正原因,进行正面教育,加以鼓励评价,而是粗暴地训斥辱骂,甚至打骂孩子,这种方法可能暂时会收到好的效果,但最终并不能解决问题。

4. 孩子做某件事时,没有明确目的,家长也不加以指导,盲目地让孩子自己去做,也是使孩子做事半途而废的原因。

针对上面所说的几种原因,要养成孩子主动做事的习惯,家长应该怎样做呢?

1. 由于孩子性格造成的习惯:父母切忌急于求成,因为孩子的性格不是一朝一夕形成的,当他们出世后,就受到各种环境的影响,并在一定教育和自身实践活动中逐渐形成自己的个性,因此,在日常生活中应在尊重孩子意愿和性格的基础上,培养他们从自身小事做起,比如收拾玩具、图书等,使孩子逐渐养成自己主动做事的好习惯。

2. 由于环境影响造成的习惯:成年人要尽量避免或消除无关刺激物

的影响,为孩子创造一个安静、舒适、整洁的家庭环境,使孩子能安心做事,不易被其他的事物所干扰。另外,孩子的需要与兴趣也决定了他做事的注意力能否集中,所以,为了使孩子做事不需要成年人提醒,起初应从孩子最感兴趣、最容易引起他们注意的事情入手,然后逐步扩展到孩子能接触的一切事物,进而使孩子养成做事主动的好习惯。

3. 由于家庭教育造成的习惯:现代家庭中,多数孩子是家中的独苗,这种特定的环境,使孩子锻炼的机会太少,主动做事的好习惯也难以形成。所以,成年人要孩子做的事一定要有目标,难易程度适中,还要符合孩子年龄特点。对孩子要坚持鼓励表扬为主,适当给予启发引导并具体加以帮助,使孩子通过一件件的事情养成做事主动认真的习惯。俗话说得好,"习惯成自然",一旦成为习惯,孩子就能很容易做好每件事情。另外,如果要鼓励孩子树立持之以恒的态度,父母应以身作则,使孩子从父母身上学会应如何做好每件事,从小养成良好的做事习惯。

鼓励孩子主动做事,家长还必须注意以下几点:

1. 认识孩子主动做事的意义,树立并强化鼓励孩子主动做事的意识,不要担心孩子出差错或做得不好。

2. 对低龄孩子,要注意培养其动手为自己服务的习惯,如穿衣、洗衣、做饭等。

3. 检查跟踪孩子完成指定的任务,切记要适时表扬或加以辅助。

4. 孩子做事多了,难免遭遇失败,这时应帮助孩子寻找失败的原因并鼓励其重做,必要时提供解决问题的辅助方案,让孩子感受做事成功的乐趣,千万不要给孩子泼冷水。

5. 孩子做某些事情前,可以启发引导孩子预想做事过程中可能遇到的困难和问题,以及解决问题的方法,如孩子第一次出远门。

爱劳动,自己能做的事自己做

培养孩子爱劳动是早期幼儿教育的重要组成部分,是孩子全面发展的一种重要手段。让孩子从小就树立起"自己能做的事情自己做"的观念,能增强他们动手做事,克服困难的能力和信心,有助于培养他们的独立意识。

随着孩子年龄的增长,家长还应培养孩子为社会做事的良好意识,这样可以促使孩子骨骼、肌肉、神经系统及各部分器官都得到锻炼,同时培养良好的社会公德。孩童期是孩子身心发展的重要时期,在这段时期对孩子进行适当的劳动教育,能让他们在轻松愉快、多种多样的劳动中获得全面发展。

那么,家长怎样培养孩子爱劳动的好习惯呢?

一、培养孩子劳动的兴趣

根据孩子好动、好模仿的特点,培养劳动观念。孩子常常喜欢帮爸爸妈妈做一些小事,得到表扬后显得异常兴奋,家长应加以鼓励,使孩子感到自己做得对,高兴地坚持下去,由无意识的模仿动作变成有意识的自觉行为。孩子还常会一面伸手一面说"我来",要自己吃饭、洗手、穿衣服……这又是进行爱劳动教育的好机会。家长一定要耐心鼓励和帮助孩子独立做这些事,切莫为图省事而包办代替。

二、让孩子量力而行

家长要根据孩子的年龄特点, 为他们安排力所能及的劳动内容和时间。如让三四岁的孩子学会照料自己的生活,自己吃饭、漱口、洗脸、穿脱衣服等,让五六岁的孩子学做一些简单的家务劳动,如擦桌椅、扫地、洗手帕等,让七八岁的孩子参加一些社会公益劳动,如打扫环境卫生等等。孩子劳动的时间不宜过长,一般每次在 20 分钟以内。

三、教会孩子一些简单的劳动知识和技能

孩子开始学习劳动时,家长必须言传身教,一步步给孩子做示范,手把手地教,以后再逐步让他自己干。并要注意安全、卫生,防止伤害事故的发生。

四、经常鼓励和表扬

对孩子的劳动成果,家长应及时地表扬和鼓励,还要鼓励孩子不怕困难,敢于实践,动脑筋想办法,使劳动进行得又快又好。

家长需要注意的一点是,孩子的劳动与成人不同,不应以为社会创造物质财富为目的,而应该是为了培养他们良好的道德品质和行为习惯。

遵纪守法，做一个合格的公民

法国思想家、教育家卢梭说过这样一段话："人生当中最危险的一段时间是从出生到 12 岁。在这段时间中还不采取摧毁种种错误和恶习的手段的话，它们就发芽滋长，以致以后采取手段去改的时候，它们已经扎下了深根，以致永远也把它们拔不掉了。"

国有国法，校有校纪，家也应有家规。父母应该针对孩子和家庭实际，从小就为孩子制定一些家规，并让孩子切实遵守，这对孩子养成遵纪守法习惯是很重要的。

培养孩子遵纪守法的习惯，父母还应注意以下几个方面：

一、要积极配合学校对孩子进行遵守《中小学生守则》、《中小学生日常行为规范》的教育

父母要让孩子明确：《守则》和《规范》是校规，是学校这个集体的行为准则，每个学生必须遵守，切不可任性。如果孩子违反了校规、校纪，要及时进行批评教育。

二、要对孩子进行法律常识教育

当前，学校开设了法律常识课，但不少学生还不能联系实际运用。父母要把那些同孩子生活直接相关的法律常识条文与实例结合起来进行教育，使孩子明确必须避免以下几种违法行为：

1. 扰乱公共秩序；

2. 违反交通管理；

3. 侵犯公民人身权利；

4. 损坏公共财产等。

孩子们懂得了社会规范人人都须遵从，明确了哪些行为是违法的，其法制观念就会逐渐加强，也就可以防止他们去做违法的事。

三、要进行家规教育

父母应该针对孩子和家庭实际，制定一些家规，并让孩子切实遵守，这对孩子养成遵纪守法习惯是很重要的。家规制定后，父母要率先垂范，以自己的行为去影响、教育孩子。

四、对孩子不要溺爱、不要放任

溺爱、放任会造成孩子唯我独尊、不懂规矩，甚至为所欲为的行为习惯。时间长了，必定养成恶习，置国家法律于不顾，干出违法乱纪的事情来，到那时后悔就晚了。建议家长在对孩子加强管教的时候，用一些实际例子说明从小放任自己必然走向歧途，让孩子懂得没有规矩不成方圆的道理。

五、注意孩子言行中的不良苗头，防患于未然

平时多观察孩子的表现，如果发现了不良苗头，及时谈心，了解情况，采取教育措施，预防孩子走上邪路。哪些现象值得注意呢？学习成绩突然大幅度下降，无心向学；情绪反常，烦躁、闹脾气或沉默寡言、忧心忡忡；花钱很多很随便，来路不明；经常有不熟识的人来找，不按时回家；对异性特别感兴趣，偷偷看黄色书刊、录像；经常把刀了、棍棒带在身上等行为。家长不要忘了观察孩子，要做有心人。当然，也不可

成长中的绅士和淑女

随便怀疑孩子,要多动脑,慢开口。

六、教育孩子懂得运用法律武器保护自己的合法权益

在我们的大众传媒中,经常报道运用法律武器保护合法权益的案例,这是对孩子进行法制教育的活教材。家长应该跟孩子一起看、听、讨论,树立孩子保护自身合法权益的意识。

第九章

绅士淑女，要有一个健康的体魄

健康的重要性与标准

东方传说中有这样一个流传已久的经典理论,说的是有一个阿拉伯数字,即10000000,读作一千万,这一长串的数字说明了一个人所具有的综合素质和生命价值。由最末的位数向前,每一个"0"依次代表一个人的专业技能、学识、智商、阅历、敬业精神、品行等,最高位数"1"则代表一个人的健康。正由于"1"的存在,后面的每个"0"才都呈现出比自己大十倍、百倍的意义。10000000就是千万财富,但一旦一个人失去健康"1",后面所有的"0"也都不过仅仅是个零而已,那么,他所有的一切,包括聪明才智、财富、事业、幸福等都将会化为乌有……

想想看,如果一个人失去了健康,就算他拥有万贯家财,对自己来说又有什么意义?古希腊哲学家赫拉克里特曾说过:"如果没有健康,智慧就不能表现出来,文化无从施展,力量不能战斗,财富变成废物,知识也无法利用。"由此可见,有一个健康的身体对每一个人的一生来说,是何等的重要!

健康既然这么重要,那么,你的孩子又如何知道自己是否健康,健康的标准是什么呢?世界卫生组织(WHO)认为,"健康乃是一种身体上、精神上的完满状态,以及良好的适应能力,而不仅仅是没有病或非衰弱状态。"健康分为身体、心理和社会三个方面。你的孩子可以对照世界卫生组织提出的健康10条标准,看看自己是否健康。

世界卫生组织健康标准:

1. 精力充沛,能从容不迫地应付日常生活和工作压力而不感到过分紧张。

2. 处事乐观,态度积极,乐于承担责任,不挑剔。

3. 善于休息,睡眠好。

4. 应变能力强。

5. 能够抵抗一般性感冒和传染病。

6. 体重适当,身体匀称,站立时头、肩、臂位置协调。

7. 眼睛明亮,反应敏锐,眼睑不发炎。

8. 牙齿清洁,无空洞,无痛感;牙龈颜色正常,不出血。

9. 头发有光泽,无头屑。

10. 肌肉、皮肤富有弹性,走路轻松有力。

 合 理 饮 食

帮助孩子养成合理科学的饮食习惯,孩子才能有一个健康的身体。父母可以从以下做起,帮助孩子,使其饮食达到合理化。

一、饮食要多元化

孩子一天的膳食应该有主食、副食,有荤有素,尽量做到多样化。合理的主食,除米饭外,还包括面粉制品,如面条、馒头、包子、饺子、馄饨等。营养学家建议,在主食中可掺食玉米、小米、荞麦、高粱米、甘薯等杂粮,早餐除吃面粉类点心外,有条件的还可坚持饮牛奶或豆浆。

二、饮食要均衡

孩子每天必需的各类食物,包括主食 300～500 克(男生至少要保证每天有 500 克主食),肉、禽类 100～200 克,豆制品 50～100 克,蛋 50～100 克,蔬菜 350～500 克。还应多吃些水果,特别是含葡萄糖较多的浆果,如葡萄、草莓等。海带、紫菜等海产品及香菇、木耳等菌藻类食物,每周也应选择食用。青少年需要的钙较多,应多吃些富含钙的奶类、肉类等,通过饮食来补充青少年在生长发育过程中骨骼所需要的钙。

三、合理安排一日三餐

不少孩子"早餐被省略,午餐在流浪,晚餐太丰盛"。具体地说就是:"早餐边走边吃,午餐街上买着凑合吃,晚餐有汤有菜吃个够。"这种饮食安排不仅极不合理,而且容易造成正在发育的中小学生营养不均衡。营养专家告诉我们:早餐要选择热能高的食物,以足够的热能保证上午活动的需要。有些发达国家很注重早餐,不仅有牛奶、果汁,还有煎蛋、面包、果酱和肉类食品。午餐既要补充上午的能量消耗,又要为下午的消耗储备能量,因此,午餐食品要有适量的蛋白质和脂肪。蛋白质中的赖氨酸有增强记忆的作用,蛋白质以动物性食品,如奶、蛋、鱼、肉中的蛋白质为佳。大豆蛋白也是优质蛋白,多吃些豆制品很有必要。脂肪中含有磷脂和胆固醇,磷脂有卵磷脂和脑磷脂,均是大脑记忆功能必需的物质。胆固醇也是大脑活动所需的物质,适当吃些脂肪性食物对青少年来说是没有坏处的,如奶类、蛋类、动物肝脏、瘦肉和豆制品等。晚餐则不宜食过多的蛋白质和脂肪,以免引起消化不良和影响睡眠。

养成科学的吃饭习惯

对于你的孩子来说,饮食不仅要合理,而且要科学,科学的吃饭习惯包括以下几个方面:

一、不要"狼吞虎咽"

吃饭太快是不好的饮食习惯,"狼吞虎咽"吃下去的东西,不仅会增加胃肠的负担,而且还会直接影响人体对食物的消化、吸收。时间一长,人就易得胃炎、肠炎、胃溃疡等疾病。吃饭过快,有时还会发生一些意外的事故。

二、不要边吃边看

如果边吃饭边看书、看电视等,人的中枢神经系统与消化系统就会争夺循环血量。这样,就看书来说,会因供血不足而使学习效率明显下降。就吃饭来说,会因消化液分泌减少而产生嗳气、胸闷胀饱,继而还会诱发食欲不振、胃炎、溃疡病等,造成营养不良症状。

三、不要挑吃偏吃

没有一种天然食品能包含人体所需的各种营养素,即便是牛奶、鸡蛋这些公认的营养佳品,也难免美中不足,如鸡蛋含铁很低,也较少有人体必需的维生素 C,而蔬菜虽含有丰富的维生素和无机盐,但脂肪和蛋白质很少。所以,单靠一种食物,不管它营养怎样丰富,也不管吃的数量多大,都不可能满足人体的需要。如果长期挑食、偏食,就会使身体缺乏某种营养物质,影响健康,甚至会引起营养缺乏症。

四、不要暴饮暴食

历代养生家都认为,人必须有良好的进膳规律,做到一日三餐,定时定量。这是因为,人们一日三餐吃进的食物,经过胃的加工消化,到被身体完全吸收,要经过几个阶段,而每个阶段的消化吸收能力都是有一定限度的。超过这个限度,就会破坏胃、肠、胰、胆等脏器的正常功能,严重的会造成急

性胃肠炎、急性胃扩张、急性胰腺炎以及诱发心脏病等,如果抢救不及时甚至会有生命危险。

五、不要过冷过热

进餐温度要适宜,一般以 20℃～45℃为好。如果过热(超过 60℃),食管壁和口腔黏膜会被烫伤,继而会引起炎症,长期这样,还可能会引起食道和胃的癌变。反之,如果吃过量的冷食或冷饮,则会影响胃肠正常蠕动,产生腹泻、腹痛等症状。

六、不要过量饮水

饭前不宜大量喝水,饭前大量喝水会冲淡胃液,加重肠胃的负担,影响消化。吃饭时也要少喝汤,因为边吃边喝汤,囫囵吞咽,咀嚼时间短,口腔消化不完全,会造成胃肠负担重。此外,汤中水分也会稀释消化液,不仅使食物不能很好地消化与吸收,日子一长,也易引起胃病。

七、不要吃饭说笑

尽管人体的消化道与呼吸道是完全分开的,但它们都在口腔下部。如果吃饭时大声说笑或争吵,就会使呼吸和咽食动作同时进行,咽部软骨活动就会失调。这样,食物就很容易掉进气管和鼻腔,发生呛咳、喷嚏、流泪等现象,严重的甚至会堵塞气管,发生意外。

 选择一项运动

生命在于运动。适量适当的运动不仅能使孩子有一个健康的体魄,而且在体育运动中,孩子们还能扮演多种角色。而在对多种人际关系的处理过程中,孩子的社会化进程也能得到有力的推进。

智力、心理、品质、社会化等等,这些都是现代家长最为关心的孩子的

素质,而在运动里面,都能找到它们的因子。

　　体育运动是终身的事情,但正像智力开发有一个关键期一样,体质潜能开发也有一个最佳期。根据儿童身体发育专家的研究,4岁是开始体质潜能开发训练的最佳年龄,4至12岁是实施该训练的最佳时间段。

　　在这段时间,你的孩子应该选择一项体育运动,不论是跑步、打球、游泳,还是别的什么,只要将一项运动长期坚持下去,那么,就会对孩子的一生产生巨大的好处。

　　每个人的实际情况不同,不可能从事所有的运动,只能在自己身体条件允许的情况下,选择一项或几项适合自己的运动项目。对一般人来讲,运动就是为了强身健体,而不是为了夺冠,所以,选择一项适合于自己的运动项目是没有什么困难的,孩子也是如此。

　　选择一项运动项目,关键是要能够持之以恒,坚持下去就会见到效果,不仅能提高孩子的身体素质,而且,也能锻炼自己的意志和毅力。如果一个孩子一直坚持一项运动项目,还有可能成为这一方面的强手和高手,也可能因此而获得比赛的奖杯。很多吉尼斯世界纪录就是被这样一些坚持一项运动的人夺取的。

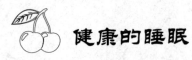

健康的睡眠

睡眠对一个孩子的生长发育和健康起着重要的作用。睡眠在一个人的一生中约占三分之一以上时间,处于生长发育高峰期的孩子对睡眠的需求最高。这是因为,睡眠与生长激素的分泌有关。人类的生长发育依赖于脑垂体分泌的生长激素,生长激素只有在睡眠时分泌的量最多,人体各种营养素的合成也只有在睡眠和休息时才能更好地完成。所以,睡眠充足,孩子的生长发育就快。年龄越小,睡眠应越多。学龄儿童和青年人一般每日应不少于8小时睡眠。

一般情况下,深夜10点至1点是生长激素分泌的高峰期,也是人体内细胞新陈代谢最活跃的时间。如果错过这段睡眠时间,细胞的新陈代谢将受到影响,即使白天补睡也达不到最佳效果。所以给孩子养成好的睡眠规律和习惯,对孩子智力、体力的发展至关重要。

想要你的孩子有一个好的睡眠质量,父母可以从以下几点做起:

一、让孩子的饮食起居具有规律性

1. 制订作息时间表。父母应该保证孩子正常的作息规律,即每日按时睡觉、起床。周末,父母不妨为孩子安排特别的活动,允许他睡晚一会儿,作为日常生活节奏的调整。孩子大一点时,应少睡午觉。

2. 自我安宁法。睡觉前的一个小时之内的活动应该轻松、安静,如读书或者听音乐,父母应避免让孩子进行剧烈的活动,或看恐怖的影视片。此外,睡觉前的热水浴也可以让孩子放松身心,获得良好的睡眠。

3. 适当的饮食。孩子的饮食要适量,尤其要避免夜间吃得过饱。同时,在睡觉前的5～7小时内,孩子不要摄入含咖啡因的食物,比如咖啡、可乐、

成长中的绅士和淑女

巧克力或者是可可。另外,睡前不要饮酒,虽然酒能帮助人入眠,却同时容易在深夜引起不安稳的睡眠。不过孩子睡觉前,可以适量地吃一点对身体有益的食物,最好是含丰富的氨基酸类的食品,如牛奶、豆类、奶酪、鸡蛋、汉堡包、花生酱、牛肉,或是鱼类等。

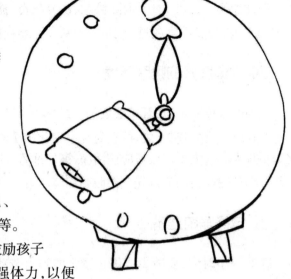

4. 锻炼。父母应鼓励孩子积极参加体育锻炼,增强体力,以便承受相对剧烈的体力活动。白天的体育锻炼,有助于孩子拥有良好的睡眠。

二、让孩子恢复平和的心理状态

1. 精神放松,肌肉放松,改变就寝时间。父母应帮助孩子选择就寝时间。这一时间既应符合孩子的体质,又适合孩子的睡眠需要。不少少年属于"夜猫子"型,更要加以改正。

2. 安慰。父母应告诉孩子,很多人都有失眠现象,这主要是忧虑带来的紧张。如果处理好引起烦恼的难题,就会轻松起来,失眠现象就会消失。父母还应该安慰孩子,一两次睡不着觉,不会对身体造成明显的损害,没有必要太担心。否则,失眠就会更加厉害。

3. 药物治疗。安眠药片往往能起到神奇的作用。不过,长期服用药物来帮助睡眠,会导致人对药物的依赖性。所以,不应过于依靠药物的作用。

三、遵守睡眠时间,保持良好的睡眠习惯

良好的睡眠应该遵循醒睡节律,每天按时就寝,按时起床,保证睡眠的

时间。对长期形成的睡眠习惯不要随意改变。许多人有午睡的习惯,抓紧中午时间小睡一会儿,对于消除倦意、恢复兴奋、振作精神是有益的。但不要睡得太久,一般不宜超过一小时,否则会影响夜间的睡眠。

四、创造良好的睡眠环境

室内的温度要适宜,环境要安静。最好经常开开窗,保持空气流通。冬季不要在卧室内生煤炉、烧煤气,避免一氧化碳中毒。床垫不宜过于柔软。枕头不宜太高或太低。被褥应该洁净,薄厚适宜。睡眠时不要忘了关灯,因为开灯睡觉往往会因为灯光刺激眼睛而睡不着。

五、做好睡前准备

睡前一小时内,要减少或停止紧张的脑力劳动,也不宜做运动量大的体操,更不要使心情过于激动或悲伤、烦恼。上床前最好洗澡,至少用热水洗洗脚。最好不要在床上看书和思考问题。

六、选择正确的睡姿

睡眠姿势也值得注意,不要脸朝下趴着睡,这样会有碍呼吸。最好多采用右侧睡,这样可以减少心脏的负担。夜里应多变换睡眠姿势,翻几回身。还应注意不要蒙头睡和注意脚的保暖,睡衣应保持宽松舒适。

七、平时注意吃有利睡眠的食品

古书有记载,黄花菜有"安五脏,利心志"的作用,是一种很好的利眠食品,晚餐用黄花菜烹汤佐膳,或睡前用一两黄花菜煎服,能使人安睡。龙眼(也称桂圆)、莲子、大枣等,对治失眠症有良效。神经衰弱的人晚餐进食小米粥,能早眠熟睡。失眠、夜间多尿的人,宜吃糯米粥。此外,夜间或饮杯热牛奶,或嗑一把葵花子都有安眠作用。

通过睡眠,人体得到休息调整,从而不断保持旺盛的精力,细胞也得到恢复和再生,要想使身体永远像一台一开就轰鸣作响的马达,精力充沛、气势旺盛,就必须保持充足的睡眠。

 ## 远离黄色污染

黄毒是最能腐蚀孩子心灵健康的东西,它能给予处在成长时期的孩子带来毁灭性的诱惑。抵制黄色污染,刻不容缓!

无锡某校初二年级的一位叫刘鹏(化名)的男生,青春期的他对学习毫无兴趣,却迷恋黄色书刊、录像,还跟"美容中心"的两个社会青年鬼混。2000年初的一天,他趁女生寝室楼守卫请假不在岗,钻进女寝室,翻箱倒柜,在没有获取金钱正要离开之际,被睡在上铺的一位女生发觉。她高喊:"有坏人干坏事。"刘鹏马上把这位女生扯下来,待他看清是邻班的校花于小颜,正是他梦寐以求的女孩时,便不分青红皂白强奸了于小颜。直到被无锡公安局逮捕归案时,刘鹏方从梦中惊醒,揪住自己的头发,痛不欲生地说:"是黄色书刊、淫秽录像害了我。"

这件事情的发生引起了当地司法机关和教育部门的深思,中学生抵制不住黄色的诱惑,走上犯罪的道路,这在青少年犯罪中具有一定的代表性。据有关部门调查统计,现在中学生犯罪大多数均与黄毒有关,或因黄毒而起。同时也说明,学校这片净土已不净,黄色书刊、淫秽录像已经毫不客气地打开了学校市场,并且有扩大的趋

势。对于中学生来说，一定要长鸣警钟，学会远离黄毒，拒绝黄色的诱惑。

抵制黄色污染，决定因素全在于你的孩子。也只有抵住黄色诱惑，你的孩子才会健康成长。

父母应该告诉孩子以下道理：

1. 处于青春期的少男少女尤其是男孩子，对一味地"封锁""禁锢"黄毒，势必会产生神秘感和更强烈的好奇心。但当你的孩子知道色情、淫秽的书刊、录像带、光盘等黄色出版物均属于非法时，他就会自觉地保护自己，拒沾黄毒。

2. 青春"骚动"期的孩子，迫切要求了解性知识，以解决平时遇到的烦恼，比如"青春痘""爱慕""性梦"等，这就需要学校和家庭加强对青少年的性教育，增设青春期知识的课程，并为他们提供相关书籍，使他们多看有关青春期的卫生知识，科学地了解性知识，全面地认识自己，了解自己，以一颗平常心泰然自若地对待生理和心理的"骚动"，减少对性生理现象 的好奇，从容镇定地面对黄毒的诱惑。

3. 你的孩子应该始终把学业放在第一位，要奋发向上地学习，把注意力集中在求知识和学习文化课上。休闲时光，要培养自己高雅的兴趣和爱好，如音乐、绘画、舞蹈、电脑、集邮等特长，既可以陶冶情操，又增添了生活乐趣。多参加体育锻炼，如足球、篮球、排球、乒乓球等，因为锻炼既发泄了过剩的精力，又能磨砺意志。只要求知上进，又把休闲生活安排得健康、丰富多彩，就会自觉有效地抵制黄色的诱惑。

第十章

绅士淑女，如何对待金钱

女孩富养，男孩穷养

从来富贵多淑女，自古纨绔少伟男。女孩身娇肉贵，是父母的贴心小棉袄，疼还来不及，怎么舍得她受苦受难？男孩是父亲生命的延续，寄寓了多少希望与重托，又怎能不让他受一点磨难？富养女，穷养男，这句老话有它一定的道理的。当然这里所指的"穷""富"并不是单纯的物质上的，更多的是对男孩、女孩一种品质上的培养。

女孩富养，主要是指父母应该从小要女孩子出入各种良好的交际场合，开阔她的视野，增加她的阅世能力，从而大大增强她的见识。如此一来，等她长大成人以后，在生活中就不易被各种浮世的繁华和虚荣所捕获。因为见多了，也就不易受诱惑。

比如一个没有见过大世面的女孩，在一个纨绔子弟的糖衣炮弹下，很可能就禁不住物质的诱惑，被华美的花言巧语所击败，而轻率地决定了自己的一生，导致一些无可挽回的悲剧。而"富养"女孩，因见多识广，独立、有主见、明智。很清楚自己要的是什么，什么是自己真正值得追求的东西，便能够较好地坚守自己的信仰而不被外界势力所左右，以至失去真我。

至于男孩，从小应培养其艰苦朴素、吃苦耐劳的作风，仁义孝道的思想。这里当然指物质上对他有所限制。使其不畏恶劣的生存环境和残酷的社会竞争，依然能够傲然挺立，打出一方属于自己的天空。

孩子的金钱观问题

中国的孩子一向是手上不带钱的，父母也觉得孩子就要像个孩子，跟钱扯太多了就不是纯洁的孩子，而且有钱在手，孩子似乎容易学坏。但在商品经济高度繁荣的今天，这种观念显然是行不通的。对于每一个家庭来说，如何帮助孩子协调欲望和资源之间的关系，培养一个经济上有责任感的孩子，树立正确的金钱观，都是必须要灌输的知识。

那么，具体地讲，父母应该怎么做呢？

1. 父母要让孩子认识到金钱是我们生活中的一个重要部分，这是孩子认识社会如何运转的一个重要方面。

2. 父母应该让孩子知道，钱不是天上掉下来的，不是树上长出来的，而是工作换来的。

3. 不要无止境地满足孩子的物质欲望。有的父母觉得，我们小的时候那么苦，想要什么都没有，现在家境好了，孩子想要个玩具，那能要多少钱，还有什么可犹豫的。何况，这些玩具对孩子成长也有好处呀。可是，我们不应该忘记，再丰富的资源，也有穷尽的时候。孩子正是从小时候买玩具开始，学会如何对待欲望、需要和资源的合理分配的。无穷尽地索取的孩子，任何愿望都立刻得到满足的孩子，长大了难以胜任大事，也难以从工作和生活中得到快乐,产生幸福感。

4. 让孩子自己管理一点钱,以此为基点,让孩子尝试着合理分配资源。

如何对待孩子的零用钱问题

　　艰难困苦,玉汝于成。纵观古今中外,许多能成器的人物在年轻时大都家境贫寒,一些世界著名的亿万富翁在青少年时代都经历过坎坷与艰辛。金钱买不来成绩,换不来成功,养不成孝子。因此,父母有必要引导孩子从小就养成勤俭朴素、自立自强的好品格。

　　洛克菲勒是全世界第一个拥有 10 亿美元以上资产的富翁,但他对儿女们的零用钱却始终卡得很紧。他规定,零用钱因年龄而异:7～10 岁每周30 美分,11～12 岁每周 1 美元,12 岁以上每周 2 美元,每周发放一次。他还给每人发一个账本,要他们记清每笔支出的用途,领钱时交他审查。钱账清楚,用途正当的,下周递增 5 美分,反之则递减。同时他允许孩子通过做家务得到报酬,补贴各自的零用。9 岁的二儿子纳尔逊和 7 岁的三儿子劳伦斯,曾主动要求合伙承包替全家人擦鞋的家务活,擦一双皮鞋 5 美分。第一次世界大战期间,全家老小都吃配给的粮食,在吃烤蛋糕时洛克菲勒更是要儿女们交出等量的食膳。那时男孩子们合办"胜利菜园",种瓜种菜卖给家里和附近的食品杂货店,合伙养的兔子卖给医学研究所。

　　儿女们上大学时的零用钱与一般同学不相上下,如有额外用途必须另行申请。喜欢吃喝玩乐、交女朋友的四儿子温斯洛普有一次欠了账,只得向大姐去借。小儿子戴维读大学时也一样恪守家规,有一次放假回纽约,同行的一个同学亲眼见他记账。

　　与洛克菲勒相类似,菲尔德掌管着全美著名的亚特兰大快餐经销店,其年营业额达数亿美元,但他对子女却异常"苛刻""小气"。每到寒暑假,他就要求子女到各地的餐厅去打工,以挣钱"糊口",维持生计。此做法在如今已经富裕了的一些家长来看,似乎大可不必。殊不知,正是这种别出心裁的磨炼教育,使子女从小培养了一种吃苦耐劳的精神,成年后他们才能在纷繁复杂的世界中找到自己的位置,以强者的姿态迎接生活的挑战。

一位在中国度假的加拿大富翁,接到上中学的女儿打来的越洋电话,问能否到银行支取零用钱。这位平时一掷千金的父亲却不假思索地对女儿说:"零用钱可以通过做杂活,如投递报纸的方法自行解决。"

而我们有些父母恰恰缺少这样的理念,他们尽管自己经济不富有,但对孩子却大把大把给零用钱,且不去过问这些钱的用途。殊不知,这恰恰是害了孩子。在某省有个收费不菲的外语学校,学生都是有钱人家的孩子,在学校他们不是比谁的学习好,而是比谁家更阔,甚至在洗澡排队时,也要按谁家老子赚钱的多少来排顺序。很难想象,这样的孩子长大后会成什么样子。所以,父母不能忽视对子女零用钱的管理。

父母要管好孩子的零用钱,就要给好孩子零用钱。一是数额要适当,要根据家庭经济状况和孩子的合理需要统筹考虑。一般以够支付孩子合理的开支为限,不宜多给,也不宜少给。多给,容易养成孩子大手大脚的习惯,不知钱来之不易,不珍惜家长用血汗换来的金钱;少给,又不能满足孩子正常合理的需要,弄得不好还可能引发孩子私自拿钱或偷窃行为。二是时间要适宜。零用钱可以选在一个有纪念意义的日子开始给,如小孩上学的第一天等,告诉孩子这笔钱的用处,并使他懂得自己在家庭中的地位和责任,之后可以定期发给。根据孩子的年龄,对不同阶段的儿童零用钱发给的数目与时间可以不同。

要指导孩子用好零用钱。要教会孩子如何用好这笔钱,告诉孩子少把零用钱花在吃喝玩乐上,并告诉他这笔钱可以用在什么方面和最好用在哪些方面,使零用钱用得其所,发挥它的最大效益。比如,可以引导孩子把零用钱用在购买学习用品、图书资料上,或者用在集邮或养花养草上。还可以引导孩子把部分零用钱用在捐助希望工程等有益的活动上,以培养孩子社会责任感和良好的品行,使孩子既开阔了视野,又陶冶了性情。

父母要结合对孩子使用零用钱的教育,培养孩子初步的自我管理钱财的能力。零用钱对大人来说虽然不多,但对孩子来说可能是一笔可观的财富,因此教育孩子用好零用钱的同时,也要培养孩子的理财能力,教会孩子有计划、有选择地花钱。

总之,父母在孩子的零用钱这种"小事"上千万不要疏于管理,放任自流,否则不利于孩子的健康成长,甚至可能会铸成难以挽回的大错。

自己赚钱自己花

在中国的很多父母心里,一直有这样一个愿望:什么时候我们的孩子也能树立起这么一个观念——花钱要靠自己去赚? 因为他们知道,只有这样自己的孩子才能在未来成为社会竞争的强者,而如果继续保持着眼下这样一种状态,那么孩子可能永远成不了气候。

父母替独生子女代劳、包办一切,无一利而有百害。

看看美国、日本、瑞士、德国的做法,我们可以得到不少启迪。为了让子女生活得好,自己却像牛马一样拼命地干,这在国外的人看来是不可思议的,我们的父母却习以为常。

每一年在大学新生报到处,你会发现很多上了年纪的家长奔前跑后,替孩子搬运行李,办理入学手续,而年轻力壮的"当事人"则坐在树荫下看书听音乐。而在一些小学更有不少家长常跑到学校来替孩子做值日、搞卫生。

有人对天津市1500多名中学生进行了调查,结果发现52%的学生每天由家长代为整理生活和学习用品,74%的孩子离开家长就束手无策,只有13%的人偶尔做些简单的家务事。

不仅在我们这个拥有众多独生子女的国家,整个世界上的家庭,孩子都在变少,但对待子女的态度,差别却很大。

同是一个 13 岁的孩子,有的父母谈起来,就说:

"他才 13 岁,什么都做不了。"

有的父母却说:

"他已经 13 岁了,自己完全会料理生活了。"

很多父母总是认为自己付出得越多,子女也就越幸福。到头来,父母替孩子做事做得越多,孩子就做得越少,直至无事可做,最后落个什么也不会做。

说中国的有些父母剥夺了孩子自力更生的机会是一点也不过分的。

在发达国家的家庭里,家长普遍都重视从小培养孩子的自理能力和自强精神。

美国的中学生有句口号:"要花钱自己挣!"

美国青年从小的时候开始,不管其家里多富有,男孩子 12 岁以后就会靠给邻居或自己的家剪草、送报赚些零用钱。

女孩子做小保姆去赚钱。有个女孩每逢星期六要去餐馆打工,母亲就告诉她,你完全可以在家里帮妈妈干活,照样可领取工资。

但这女孩觉得在家赚自己母亲的钱不是本事,她一定要去外面赚钱来表示自己有自立的能力。

日本人教育孩子有句名言:除了阳光和空气是大自然的赐予,其他一切都要通过劳动获得。

许多日本学生在课余时间,都会去外边参加劳动挣钱,大学生中勤工俭学的现象非常普遍,就连有钱人家的子弟也不例外。他们靠在饭店端盘子、洗碗,在商店售货,在养老院照顾老人,做家庭教师等来挣自己的学费。在日本,孩子很小的时候,家长就给他们灌输一种思想:"不给别人添麻烦"。

全家人外出旅行,不论多么小的孩子,都要无一例外地背上一个小背包。要问为什么?父母说:"他们自己的东西,应该自己来背。"

父母为了培养孩子在未来社会中生存的本领,从很早就开始训练孩子独立生活的能力。

在加拿大一个记者家中,两个上小学的孩子每天早上要去给各家各户送报纸。

看着孩子兴致勃勃地分发报纸，那位当记者的父亲感到很自豪："分这么多报纸不容易，很早就起床，无论刮风下雨都要去送，可孩子们从来都没有耽误过。"

不可否认，一个人的社会责任感就是这样培养出来的。这正是需要我们许多中国父母用心学习的地方。

 # 用钱不可过度

成长
中的绅士和淑女

用钱过度是绝大多数人的通病。所以如果你的孩子在下一次发零用钱之前的几天就没钱了，千万别感到震惊或担心。

如何处理这种状况？只有你才知道孩子的用钱过度是长久以来的问题，或是罕见的情况。

不论是积习或偶发事件，家长都要知道孩子的钱是怎么花光的。叫孩子说明上周的开支，问他能做何种不同的安排。这么做你也不会显得不讲道理。若是情况特殊无可避免，而孩子又迫切需要用钱时，那么预支部分下周的零用钱给他并无不当之处。但是这种"预支"的手段非到最后关头不要使用，否则你的孩子将会成为"先买，后付款"的专家。

孩子习惯性地弄丢零用钱。如何处理这种状况？问题的关键在于这种情况是否常常发生或是难得发生一次。即使一年只发生一次，也可由此看出孩子的杂乱无章，或是单纯地不懂钱有多么容易掉出口袋、皮包或书本。

如发现这种情况，你应先找出孩子把钱放在哪里。如果是塞在裤子后面的口袋，建议他把钱整平放进裤子前面的口袋里，放在这里，就算有钱不小心掉出来，他也比较容易发现。有时孩子会把夹有钱的书或放有钱的皮夹遗忘在某处或弄丢,那么给他一个扣在腰上的腰包会是很不错的办法。

另外有一个孩子可参考的建议:"出门时别把所有的钱都带在身上。如此一来,就算掉光了身上所有的钱,你也不至于完全破产。"

孩子把钱借给有借无还的朋友。如何处理这种状况? 你不能教孩子绝对不要借钱给别人,因为我们每个人都难免有要借钱给家人或朋友的时候,但是你要教孩子如何评估每一个请求。以温和的问题点醒孩子,指出该借贷者所处的状况:

"强尼以前是否曾经向你或其他朋友借过钱……他还钱了吗? "这会帮助你的孩子了解,钱一定要借给一个可信赖的人。

"强尼不就是上个星期把你绊倒的男孩吗? 那只是一个意外? 还是他常常对你那么做? "这可帮助孩子明白他没有必要受人威胁去做某事。如果要借钱给朋友,那个朋友应该是他喜欢且尊重的人——反之亦然。

"强尼说什么时候还你钱? "孩子可由此了解借贷是一种彼此双方都负有相当责任的协定。

孩子变成令人难以置信的吝啬鬼。如何处理这种状况? 对钱过分关心和管理过当或导致极端节俭——此乃最棘手的儿童问题之一。如果发现这种情况,你可以再检视一次孩子的零用钱。以他的年龄而言,这个金额是否符合实际所需? 你的用钱规定是否太严苛了? 如果不是以上的情形,那么就用实例来规劝他。告诉他你多么喜欢他为自己买的新毛衣,或者为姑妈买生日礼物是件多么有意义的事。倘若事态严重,你发现你的孩子以省掉午餐不吃来攒钱或有其他极端举动的话,那就要求助于心理医生了,因为这种节俭可能意味着更深层的心理问题。

 养成良好的储蓄习惯

习惯,不论好坏,都是从小早养成,而且难以戒除。父母可以帮助孩子养成最好的一种生活习惯之一，就是定期有规律地储蓄。如果想要让孩子养成这种习惯，你就要把它变得有趣，并且使它成为一种例行事项。

同孩子一起决定应该存多少钱。虽然孩子要从礼物、零用钱、压岁钱中拿出多少比例的钱来存，所存的钱会随礼物、工作和年龄而有所不同，但重要的是，要让他们在拿到钱之前，就先建立储蓄的习惯。

储蓄优先。孩子和大人一样，都会把储蓄这件事延后再做，结果到最后才发现自己没钱可存了。所以帮助孩子在做其他事之前先把钱存起来。

为特定的目标设定期限。如果孩子要存钱买一套图书，建议他将那套图书的具体情况写在一张纸上，然后在上面写上希望购买的日期。并把这张纸贴在冰箱门上或贴在他卧室的门上，让他能时时看到自己的目标。

鼓励你的孩子提早为要花很多钱的节日存钱。像圣诞节、春节、儿童节等。

鼓励孩子把硬币都收集起来。自觉年龄太大而不适合用小猪储钱罐的孩子，可以把手边多余的零钱放入一个罐子或盘子中，而不要把它们留在牛仔裤的口袋里，以免在洗衣过程中弄丢。每几周一次，叫孩子到银行拿卷硬币的厚纸把这些硬币卷起来。他们将会很惊讶那些有系统地收集起来的零钱竟然有那么多。

如果你的孩子显露出成为收藏家的迹象，鼓励他好好照顾他的收藏品，因为那些很可能是一种投资。许多非常热衷于棒球卡、奥运用品、填充玩偶、漫画书、岩石和其他东西的年轻收藏家，已经了解几年后其收藏品会带来的利润。告诉孩子什么因素会增加收藏品的价值:收藏品的状况与稀有性。很重要的一点是,记住储蓄实际上可以等于收藏有价值的物品,不论是钱还是其他东西。

和孩子分享你这些年来学到的一些"骗自己存钱"的技巧。每周存下部分的零用钱;将所有在节庆时收到的礼金都存起来;少花点钱在自己身上;多做些额外的家事;在有时间把钱花掉之前先存起来;看电影时和朋友共吃一盒爆米花,而不要自己吃一整盒;尽量少放钱在口袋里。

鼓励孩子自己做有关储蓄的决定。孩子终于用他的存款买下的商品或参加的活动,远不如他对自己的生活负责以及进行储蓄的过程这些事实来得重要。

年龄在6岁到10岁大的孩子,当他们通晓为将来的开支而存钱的观念时,当他们大到可以清楚地写出自己的名字时,当他们已经存下一笔可观的金额时,他们就准备好接受初次的银行存钱体验了——用他们自己的名字开户。

在你们亲自去银行之前,先向孩子解说一些基本的银行业务知识是有意义的。若孩子有后续的问题,或是仍然搞不清楚出了什么事,那么银行职员就应该花点时间向他解释开户存钱的程序。

再和孩子复习一下银行业务的基本原理。银行会发放利息以增加存户的储金,这是小猪储钱罐做不到的。

"什么是利息?"

孩子一定会这么问。你的解释是:银行并非将所有存户的钱都放在金库里。他们把这些钱集中管理,拿出一部分来借给那些想要借钱买房子或车子或是创业的人至少一年的时间,然后向借钱的人收取借用费,这和你借家庭录影带要付费是一样的道理,只不过银行向借钱者收取的费用叫作利息。银行为了赚取利润,所以向借钱者收的利息会比存钱者分得的利息多。你存进去的钱就是你的,你随时可以把钱提出来。